작은교회의 설교와 예배

KB220221

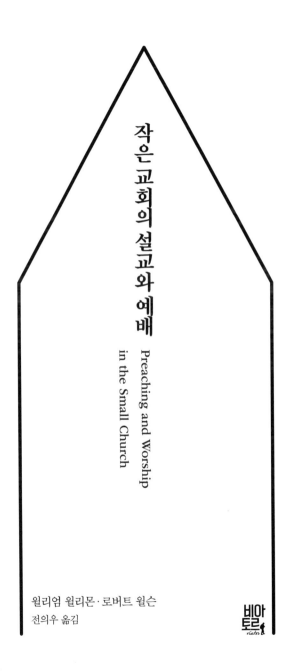

작은 교회의 설교와 예배

Preaching and Worship
in the Small Church

윌리엄 윌리몬 · 로버트 윌슨

전의우 옮김

비아
토르
riator

목사요 상담자이며 작은 교회를 주창하는

월슨 네스빗M. Wilson Nesbitt에게

이 책을 바칩니다.

차례

서문

미국과 캐나다의 전체 개신교회 중 약 60퍼센트는 등록 교인이 200명 이하이고, 그중 3분의 2는 평균 예배 출석 인원이 120명 이하이다. 바꾸어 말하면, 북미의 모든 개신교회 가운데 적어도 절반은 작은 교회로 분류할 수 있다.

다양한 사역을 하는 큰 교회들과 달리, 작은 교회는 다섯 가지 기본 요소를 중심으로 한다.

첫째이자 가장 중요한 요소는 '말씀과 성례'다. 몇몇 지역에서는 '설교가 있는 예배preaching service'라고 부르는 정기 모임이 있는데, 그것을 말한다. 작은 교회의 주된 존재 이유는 함께 모여 하나님을 예배하고 선포되는 하나님의 말씀을 들으며 성례를 시행하는 것이다. 이것은 교회 건물 구조에서 상징적으로 나타난다. 다시 말해, 교회에서 가장 큰 공간, 많은 경우 작은 교회의 유일한 공간이, 하나님을 함께 예배하는 전체 예배의 자리로 꾸며진다. 이런 점에서 작은 교회는, 전체 공간의 절반 이하를 함께 예배하는 공간으로 구별해 두는 많은 대형 교회들과 극명하게 대비된다. 교인이 많을수록 주일의 전형적인 전체 예배에 참석하는 비율이 낮으며, 또 교인이 많을수록 예배와 말씀 선포를 위해 구분되는 공간의 비율 또한 낮다. 이것은 우연의 일치가 아니다.

작은 교회는 교회 건물을 디자인하는 데서, 목회자의 기본 역할을 정의하는 데서, 한 주간의 일정을 짜는 데서, 교인들의 시간을 할당하는 데서, 이 모든 면에서 예배와 설교가 자신의 주된 존재 이유라고 선포한다.

이것은 목회를 평가하는 기본 잣대가 되기도 한다. 목회자가 훌륭한 설교자인가 하는 것은 작은 교회에서 가장 중요한 질문이다. 이와 대조적으로, 큰 교회는 목회자가 행정가로서, 창의적 지도자로서, 상담자로서, 또는 재정 수입 확대자로서 눈에 보이는 능력이 있는지에 더 큰 무게를 두기 십상이다.

이것이 이 책이 의미 있는 기본 이유다. 책의 저자들은 작은 교회의 중요한 관심사를 직접 논하고 있다. 작은 교회의 가장 중요한 항목들에 대해 직접 다루며, 이 소중한 자산을 강화해 줄 제안을 쏟아 놓고 있다.

작은 교회의 두드러진 둘째 요소이자 작은 교회를 하나 되게 하는 접착제의 둘째 부분은, 구성원들이 공유하는 경험이다. 이러한 경험은 엄청나게 중요하다. 작은 교회는 작다. 그래서 작은 교회 교인들은 서로를 안다. 큰 교회는 기능을 토대로 움직이고, 중형 교회는 교인들의 조직적인 그룹 생활에 크게 의존한다. 반면에, 작은 교회의 토대는 구성원들 간의 관계다. 작은 교회 구성원들은 함께 모여 하나님을 예배할 뿐 아니라 서로 함께한다. "교회 간다"는 말은 함께 모여 예배하러 간다는 뜻일 뿐 아니라, 불러냄을 받은 특별한 공동체를 구성하는 다른 사람들과 함께한다는 뜻이기도 하다. 작은 교회 구성원들이 공동의 경험을 중요시하는 간단한 예를 들어 보자. 교인이 1,000명인 교회의 경우, 교인의 장례 예배에 참석하는 사람은 백 명이 채 되지 않기 십상이다. 그러나 교인이 80명인 교회의 경우, 교인의 장례 예배에 참석하는 사람은 그 배에 이를 수 있다.

이것이 이 책이 중요한 둘째 이유다. 윌리몬과 윌슨은, 왜 주의 만찬과 세례와 결혼식과 장례식이 작은 교회 구성원들의 삶에서 함께하는 더없이 중요한 일인지 설명한다. 이러한 공동 경험 안에서 목회자와 평신도가 교회 사역에 효율성을 더할 수 있는 방법을 세 장에 걸쳐서 다룬다.

작은 교회가 하나 되게 하는 접착제의 셋째 부분이자 어쩌면 작은 교회의 가장 뚜렷한 특징은, 평신도의 역할이 두드러진다는 것이다. 대다수 작은 교회는 평신도들이 이끈다. 교회가 클수록 목회자의 역할도 커진다. 그러나 작은 교회의 경우, 평신도 하나하나가 정체성을 갖는다. 윌리몬과 윌슨은 이 개념을 파악해 깊이 숙고했다. 작은 교회에서 평신도가 하는 특별한 역할을 3, 7, 9장에서 아주 중요하게 다루었다.

전형적인 작은 교회의 나머지 두 기본 요소는 교회학교와 특별한 장소다. 이 책 전체에서 저자들은 모임 장소의 의미를 확인하고 있다. 또 설교를 통해서든, 주의 만찬의 중요성을 거듭 가르치든, 의미 깊은 상징들을 더 의도적으로 사용하든, 가르치는 목회가 중심이어야 함을 반복해서 강조한다.

이 책은 확인하는 책이다. 작은 교회의 역할과 기본 가치를 확인한다. 말씀과 성례가 중심이라는 것을 확인한다. 작은 교회에서 목회자의 역할을 확인한다. 평신도와 이들의 가치를 확인한다. 이러한 확인 위에, 창의적이며 감동을 주는 목회가 세워질 수 있다. 작은 교회에서, 작은 교회를 통해, 평신도와 목회자가 함께 하나님을 섬길 때 말이다.

요크펠로우 연구소Yokefellow Institute

라일 샬러Lyle E. Schaller

들어
가며

안디옥, 헤브론, 실로, 벧엘… 이름들이 낯설다. 21세기, 도시 사회이자 기술 사회에 살고 있는 우리들에게는 낯선 이름들이다. 오늘날 사회에서 이런 이름들은 낯설다 못해 기이하다. 이 이름들을 들으면, 오늘의 교인들보다 이전 세대 그리스도인들에게 더 친숙했던 성경 지명들이 떠오른다. 또 다른 이름들은 먼 과거의 미국 시골을 떠올리게 한다. 플레즌트 그린Pleasant Green, 파이니 그로브Piney Grove, 그레이브 힐Grave Hill, 하모니 밸리Harmony Valley 같은 이름들이 그렇다. 사람 이름을 딴 것도 있다. 설립자 이름이리라. 예를 들면, 버튼 메모리얼Burton Memorial 같은 것이다. 그런가 하면, 지금도 유명한 집안의 이름을 딴 것도 있다. 워커스 채플Walker's Chapel이 그 예다.

지금 우리는 작은 교회에 대해 말하고 있다. 작은 교회는 수많은 미국인의 삶에 깊은 영향을 끼쳤으며 지금도 끼치고 있다. 사실상 미국의 모든 커뮤니티마다 작은 교회가 적어도 하나, 아니 대개 여럿 있다. 미국 전역에 작은 교회는 수천이 아니라 수만에 이른다. 작은 교회가 미국 개신교의

　　　　　　　　　　　　작은 교회의 설교와 예배

지배적 형태라 해도 지나치지 않겠다.

작은 교회 하면 으레 시골 교회가 떠오른다. 실제로, 작은 교회의 절대다수는 인구 밀도가 낮은 지역에 자리하고 있다. 그러나 모든 작은 교회가 인구 밀도가 낮은 시골에 자리한 것은 아니다. 도심에 자리한 작은 교회도 많다. 미국 어디를 가든, 도시의 주거 지역에서는 건물이 수수한 작은 교회를 어렵지 않게 볼 수 있다. 또 모든 대도시의 도심 지역마다 상가 교회들이 있다.

교인들이 작은 교회에 느끼는 감정을 '양면적ambivalent' 이란 단어로 표현할 수 있겠다. 많은 사람이 장밋빛 향수에 젖은 안경을 쓰고 작은 교회를 보며, 실제로 전혀 존재하지 않았던 과거로 돌아가길 갈망한다. 골짜기에 자리한 작은 갈색 교회가 삶의 중심이었던 세상으로 돌아가고 싶어 한다. 그런가 하면, 동시에 사람들은 작은 교회에 대해 좋지 않은 감정을 갖는다. 작은 교회는 왠지 이류로 보이고, 현대 세계에서 자기 역할을 하지 못한다고 생각한다.

또 어떤 사람들, 특히 목회자들과 교단 지도자들은 작은 교회를 심지어 시대착오적 존재로 본다. 사라지도록 독려해야 할 제도를 악착같이 붙잡고 있는 완고한 사람들이 생명을 부지시키고 있는 존재가 작은 교회라는 것이다. 이들은 작은 교회를 걸림돌로 본다. 오늘의 교회들이 시대가 필요로 하는 교회로 발전하는 데 작은 교회가 걸림돌이 된다는 것이다. 그렇게 보는 이들이 있을지라도, 작은 교회는 여전히 존재하며, 교회가 늘 하던 일을, 비록 불완전하게라도, 계속한다. 다시 말해, 작은 교회는 새신자들을 받고, 이들에게 그리스도인이 어떻게 살아야 하는지 가르치며, 매주 이들과 함께 예배하고 하나님의 말씀을 전한다. 많은 시골 지역에서, 이들을 가까운 묘지에 안장하고 이들이 달려갈 길을 잘 달렸으며 충성된 자에게 준비된 상을 받았다고 확신한다.

이 책은 작은 교회의 예배와 설교에 관한 것이다. 여기서 작은 교회란 등록 교인이 200명 이하인 교회를 말한다. 전체 개신교회 가운데 절반에서 3분의 2가 여기에 속한다. 더 나아가, 교인 명부가 정확하지 않고 비거주자들까지 있다는 사실을 고려하면, 교단 연감에 재적 교인이 200명이라고 나오더라도 실제 출석하는 교인은 이보다 적을 것이다. 작은 교회란 전형적으로 주일 예배 출석 인원이 75명 이하인 교회를 말한다.

이 책에서는 이러한 작은 교회의 특징을 살펴보고, 작은 교회가 왜 그렇게 생명력이 강하며, 작은 교회를 바꾸려는 목회자들과 교단 지도자들의 시도에 반발하는지 살펴보겠다. 그러면서 무엇보다도 작은 교회가 가장 잘하는 일에 초점을 맞추고자 한다. 작은 교회의 사람들은 예배에 잘 참여하고, 말씀을 들으며, 서로는 물론이고 더 큰 공동체, 즉 지역사회를 섬기는 그리스도인 공동체를 이룬다.

이 책이 꼭 필요한 네 가지 이유가 있다.

첫째, 그동안 파악된 작은 교회의 '문제'를 지금껏 해결하려 했던 교회 지도자들의 방식 때문이다. 교회 지도자들은 작은 교회들을 합병하거나 교구를 조정해 작은 교회를 큰 교회로 만듦으로써 작은 교회의 문제를 해결하려 했다. 두 경우 모두, 모델은 큰 교회였으며, 작은 교회는 일반적으로 될 수 없는 존재가 되라는 압박을 받았다.

둘째, 우리 시대에 목회자의 사역과 신학에서 설교의 의미, 특히 예배의 의미가 무시되기 일쑤였기 때문이다. 많은 목회자들이 설교나 예배보다 교회나 지역사회에 거의 모든 노력을 기울이는 게 더 중요하다고 생각하는 것 같다. 이렇게 목회자가 설교와 예배를 소홀히 하는 것은 전체 교회에 비극이지만, 특히 작은 교회에 비극이다. 작은 교회는 자신만의 정체성과 세상을 향한 선교뿐 아니라 그리스도의 더 큰 몸을 위한 특별한 역할도, 설교와 예배를 통해 회복할 수 있다.

셋째, 목회자들이 작은 교회의 성격과 그 사역을 더 잘 이해해야 하기 때문이다. 작은 교회가 아주 많다는 사실을 고려할 때, 많은 목회자들이 목회 기간 전부는 아니더라도 일부를 작은 교회에서 보낼 것이다. 이들이 작은 교회 목회를 잘하고 소명에 만족한다면, 그들의 자리는 작은 교회일 것이다.

네 번째이자 가장 중요한 이유는, 작은 교회가 특히 예배와 설교를 통해, 효과적인 사역의 도구가 될 수 있음을 평신도들이 깨달아야 하기 때문이다. 평신도들은 예배와 설교가 중심이라는 것을 늘 알고 있다. 이것을 모른다면, 매주 교회에 나오지 않을 것이다. 평신도들은 예배와 설교의 본질을 더 잘 이해함으로써 예배와 설교에 대한 믿음을 오랜 세월 지켜 왔을 뿐 아니라, 이후 이들의 주일 아침은 더 풍성하고 의미가 깊어질 것이다.

작은 교회라고 문제가 없지는 않다. 그런데도 하나의 제도로서 작은 교회는 무한 미래를 우리와 함께할 것이다. 작은 교회의 강점과 약점, 문제와 잠재력을 제대로 알아야 한다. 이것이 평신도와 목회자가 작은 교회를 통해 사역을 가장 효과적으로 수행할 수 있는 유일한 길이다. 이 책이 이러한 사역에 조금이라도 기여한다면, 그 목적을 성취한 것이다.

이 책이 나오기까지 많은 사람과 여러 기관이 도움을 아끼지 않았다. 설립된 지 수십 년이 된 듀크 재단 산하, 농촌 교회 문제 연구소Office of Rural Church Affairs of the Duke Endowment 는 노스캐롤라이나에서 수백 개의 농촌 교회와 손잡고 교회 건축, 교구 발전, 지도자 훈련 같은 프로그램을 진행했는데 이 재단의 앨버트 피셔Albert F. Fisher와 윌슨 네스빗M. Willson Nesbitt은 자신들의 자료를 활용할 수 있게 해 주었다. 또한 우리 연구에 건설적 비판을 아끼지 않음으로써 이 책을 쓰는 데 더없이 큰 도움을 주었다. 오먼드 센터J. M. Ormond Center는 듀크 재단을 지원해 주었고, 덕분에 작은 교회에 대한 추가 연구가 가능했다. 설교에 관한 장들에서는 특히 존 버글랜드John K. Bergland에게 큰 빚을 졌다. 작은 교회에서 사역하는 신학생들은 자신들의 경험과 통찰을 나누어 주었다. 오먼드 센터에서 일하는 비서 앤 다니엘스Anne Daniels 는 원고를 타이핑해 주었다. 설교에 대한 평신도들의 반응과 관련된 데이터는 연합감리교 사역총국the General Council on Ministries of the United Methodist Church에서 연구 기금을 지원받아 수집했다.

방방곡곡에 자리한 작은 교회의 교인들과 목회자들이 각자가 속한 지역사회에서 증언하고 사역할 때, 이 책이 도움이 되기를 바란다.

1장

소수가 모인 곳에

도널드 쉘던은 미드웨스트에 자리한 작은 두 교회, 벧엘 교회와 센터빌 교회를 4년째 섬기는 목사다. 그는 신학교를 졸업하고 이 교회들에 처음 부임해 사역을 시작했다. 그런데 최근에 큰 교회로부터 부목사 자리를 제의받았다. 그는 사실 그 제의를 받아들이고 싶지 않지만, 그렇다고 선뜻 거절하지도 못하는 처지다. 그는 동료 목사와 이 문제를 상의하며 이렇게 말했다. "벧엘 교회, 센터빌 교회 성도들과 함께하고 싶습니다. 두 교회도 제가 남아 주길 바라고요. 하지만 두 교회 모두 더 이상 커지지는 않을 테고, 이미 힘에 부치도록 제 사례비를 감당하고 있습니다. 친구들은 저에게 작은 교회에 남아 달란트를 허비하고 있다고 말하지만, 저는 여기 남고 싶은 마음이 더 많습니다. 그럼에도 이번 제의를 거절하면 제 목회 경력에 어떤 영향을 미칠지 걱정이에요."

도널드 쉘던의 딜레마는 작은 교회의 난제를 잘 보여 준다. 작은 교회는 목회자가 필요하지만, 적절한 사례비를 감당할 수 없다. 더 큰 교회로 옮겨 가는 능력으로 목사의 성공을 가늠하는 게 현실이다. 성장과 크기에 가치를 두는 사회에서, 작은 교회는 늘 그대로다. 작은 교회는 성장하지 않지만, 사라지는 것도 거부한다. 작은 교회는 매년 계속되며, 변하더라도, 거의 변하지 않는 것 같다.

작은 교회에는 세 가지 유형이 있다. 첫째 유형은, 이제 막 설립되어 작지만 성장하고 있거나 성장하리라 예상되는 교회다. 이런 교회들은 가까운 미래에 커질 것이다. 둘째 유형은 쇠퇴하는 교회다. 이 교회는 한때 큰 교회였으나 교인 수가 줄어 이제는 작은 교회로 분류된다. 이런 교회들 중에 일부는 결국 사라질 것이다.

셋째 유형은 늘 작았고 앞으로도 늘 작을 교회다. 대다수 작은 교회가 이런 유형이다. 이 유형의 작은 교회들은 인구가 많지 않은 시골 지역에 많다. 물론 도시 지역에도 있다. 도시 지역에서 이런 작은 교회들이 성장하지 못하는 것은 주변 인구가 적기 때문이 아니라 다른 데 원인이 있는 게 틀림없다. 어떤 교회들은 설립된 지 얼마 되지 않았고 곧 성장하리라는 기대를 품었으나, 무슨 이유 때문인지 여전히 작은 교회로 남아 있다.

개신교에서 작은 교회가 절대다수를 차지한다는 사실은 교단의 통계 수치에서도 확인된다. 1976년, 연합감리교의 발표에 따르면, 소속 교회들 중에 교인이 50명 이하인 교회가 7,069개로 전체 교회의 18퍼센트다. 교인이 100명 이하인 교회가 15,742개로 전체 교회의 41퍼센트이고, 교인이 200명 이하인 교회는 24,855개로 전체 교회의 64퍼센트다. 연합감리교에 속한 전체 교회 가운데 교인이 200명 이하인 교회가 거의 3분의 2에 이르며, 여기에 속한 교인이 전체 교인의 4분의 1을 차지한다. 또 다른 예도 있다. 미국 루터교회의 경우, 교인이 100명 이하인 교회가 전체 교회의 13퍼센트이며, 교인이 190명 이하인 교회가 전체 교회의 3분의 1에 이른다. 미국 회중교회에 가입된 교회들 중에 18퍼센트가 교인이 100명 이하이며, 41퍼센트가 교인이 200명 이하다.* 남침례교의 경우, 소속 교회의 62퍼센트가 교인 300명 이하다.

작은 교회란 예배 참석 인원이 적다는 뜻이다. 연합감리교단에서 산하 교회들의 주일 예배 평균 참석 인원에 관한 자료를 내놓았는데, 이에 따르면, 3,872개 교회(10퍼센트)의 평균 참석 인원이 20명 이하였다. 9,668개 교회(26퍼센트)의 평균 참석 인원은 35명 이하였으며, 15,013개 교회(57퍼센트)의 평균 참석 인원은 75명 이하였다. 이 자료는, 수많은 설교가 비교적 적은 사람이 모인 곳에서 정기적으로 행해진다는 것을 보여 준다.

기본 가정

이 책의 밑바닥에 깔린 기본 가정들이 있다. 첫째, 다양한 기관에서 복음이 효율적으로 전달될 수 있고 개개인은 긍정적으로 반응할 수 있다는 것이다. 기독교 역사에서, 복음을 전하고 공표하는 주된 기관은 교구 교회parish church였으며, 교구 교회는 지금도 사회에서 가장 든든한 기관 중 하나다. 지교회local church의 형태도 다양하다. 다시 말해, 사회

• National Congregations Study에서 2012년에 발표한 미국 회중교회 통계치는 다음과 같다.

교회 크기

교인수	1998	2006-2007	2012
50명 이하	37.4% / 466	37.8% / 569	42.7% / 563
51-100명	24.3% / 300	23.4% / 353	24.1% / 320
101-250명	22.3% / 275	24.4% / 367	20.6% / 274
251-1,000명	12.7% / 157	11.4% / 171	10.2% / 136
1,000명 이상	2.9% / 36	3.1% / 46	2.4% / 32
계	100.0% / 1234	100.0% / 1506	100.0% / 1330

출처: https://www.thearda.com/ConQS/qs_295.asp

작은 교회의 설교와 예배

적, 경제적, 문화적 배경이 다양한 그룹의 사람들이 복음에 반응함으로써 교회들을 세우고 거기서 자신들의 믿음을 증언하고 신자들을 양육한다.

가장 효과적이거나 가장 기독교적인 교회는 언제, 어느 상황에서도 없었다. 다양한 크기의 교회들, 다양한 프로그램을 가진 교회들이 존재해 왔고 계속 존재할 것이다. 큰 교회가 작은 교회보다 조금이라도 더 효과적이거나 덜 효과적일 수 있는 신학적 이유는 없다. 그러나 큰 교회가 바람직하다고 생각하게 할 만한 이유는 여러 가지가 있다. 문화적인 면에서 그럴 수 있다. 이를 테면, 큰 교회라면 인적 자원이 풍부해 큰 성가대를 두고 여러 형태의 찬양을 소화할 수 있다. 경영상의 이유로 그렇게 생각할 수도 있다. 교인이 많을수록 재정 수입도 늘어나기 때문이다. 사회적인 면에서도 그럴 수 있다. 예를 들어, 큰 교회라면 청소년부가 더 커서 10대들이 친구를 더 많이 사귈 수 있을 것이다. 그러나 작은 교회라고 해서 교회의 **신학적 목적**을 큰 교회만큼 잘 성취하지 못할 이유는 없다.

둘째 가정은, 작은 교회가 오랫동안 개신교에서 꼭 필요하리라는 것이다. 작은 교회들이 여전히 아주 많다는 사실이 이것을 증명한다. 목회자 일자리의 상당 비율이 작은 교

회이며 앞으로도 다르지 않을 것이다. 대다수 목회자들이
자신의 목회 기간 중에, 전부는 아니더라도, 일정 기간 작
은 교회에서 목회할 것이다.

작은 교회는 사라지지 않을 것이다. 그러므로 목회자들
과 교단 지도자들은 작은 교회에 늘 관심을 기울여야 한다.
교회 지도자들이 작은 교회를 어떻게 여기느냐에 따라 교
회와 목회자가 하는 사역의 효과가 크게 달라질 것이다.

작은 교회에 대한 인식

작은 교회는 무엇보다도 목회자에게 고민거리이고, 특히
교단 관리자들에게 그렇다. 목회자에게 있어서는 수입 및
지위와 관련이 있다. 교회가 목사를 고용하는데, 큰 교회일
수록 수입이 많고 목회자 사례비도 많다. 목회자를 비롯해
사람들은 낮은 급여보다 높은 급여를 선호한다.

개인의 지위는, 상당 정도, 자신이 연관된 기관에 따라
결정된다. 따라서 아이비리그 대학의 교수들은 중서부 소
도시에 자리한 대학의 교수들보다 지위가 높을 것이다. 마
찬가지로, 큰 도시 교회 목사는 작은 시골 교회 셋을 한꺼

작은 교회의 설교와 예배

번에 섬기는 목사보다 동료들이 더 우러러볼 것이다.

한 교회가 소속된 목회자에게 부여할 수 있는 지위는 동료 목회자들이 그 교회를 어떻게 보느냐에 따라 결정된다. 교회는 자신을 희생해야 할 뿐 아니라 물질적 보상도 형편없는 힘든 직무를 감당할 사람들을 늘 모집할 수 있었다. 해외 선교사들이 좋은 예다. 해외 선교사들의 일은 결코 쉽지 않으며, 대부분의 경우 가족과 떨어져 지내야 했고, 사례비는 빈약하기 이를 데 없었다. 그러나 사람들은 선교사를 엘리트 그리스도인 집단으로, 영적 특수부대로 본다. 교단 선교부가 매년 개최하는 선교사 파송대회를 보면, 선교사들이 얼마나 존경받는지 알 수 있다. 대회장은 사람들로 꽉 들어차고 무대에는 파송될 선교사들이 흰 가운을 입고서 있다. 교단 목사가 유창한 설교로 새로운 선교사들을 추어올린다. 이들이 복음을 들고 세상 구석구석 어려운 곳으로 나아감으로써 사도 바울의 발자취를 따를 것이며, 온 교회가 이들을 후원하고 이들을 자랑스러워한다고 말한다. 이들의 어깨가 으쓱해진다. 선교사들은 페루의 안데스나 중앙아프리카의 작은 교회에 가서도 자신들이 실패자라고 느끼지 않을 뿐더러 그렇게 인식되지도 않는다.

이러한 해외 선교사들과 대조적으로, 조지아나 미네소타

에서 작은 교회 셋을 한꺼번에 섬기는 목회자를 보는 시선은 다르다. 이들은 복음을 전하는 영광스러운 일에 삶을 바친 사람으로 여겨지기보다 교회의 고용 시스템에서 성공하지 못한 사람으로 여겨질는지 모른다.

교단 관리자들은 자신들만의 시각으로 작은 교회를 본다. 만약 이들의 업무 중에 목회자 배정이 있다면, 이들이 목회자를 작은 교회에 보낼 수 있는 방법은 설득밖에 없다. 이들의 주된 업무가 선교 및 자선 프로그램과 관련 있다면, 이들은 작은 교회가 후원금을 조금밖에 낼 수 없으며 많은 경우 오히려 보조금을 요구한다는 것을 안다. 작은 교회는 교단 관리자들의 시간을 소모하게 하는 반면, 그들이 너무나 소중하게 생각하는 자선 프로그램에 내는 후원금은 비교적 적다.

작은 교회에 속한 많은 평신도들이, 자신들의 교회가 큰 교회보다 열등하다는 생각을 받아들이게 되었다. 목회자들과 교단 관리자들은 다양한 방법으로 평신도들에게 이런 생각을 심어 준다. 작은 교회에서 큰 교회로 옮겨 가는 것이 목회자의 승진으로 인식되는 게 일반적이다. 작은 교회 목회자에게 있어서 출세란, 큰 교회로 옮기는 것이다. 좌천당한 사람이나 신학교를 갓 졸업하여 미숙한 풋내기가 우

작은 교회의 설교와 예배

리 교회에 부임했다고 교인들이 생각한다면, 그 생각은 교인들의 태도에 어떤 영향을 미치겠는가?

여기에 해당되는 전형적 사례가 있다. 젊은 목회자가 신학교를 막 졸업하고 작은 교회의 청빙을 받아들이는 경우다. 목회자와 교인들은 서로 그렇게 계약하지 않더라도, 목회자가 4년은 머무를 것이라 예상한다. 그런데 2년 후, 목회자는 도시 교회로 옮길 기회를 얻는다. 이때 목회자와 교인들 스스로를 대하는 태도가, 그 교회 평신도 대표의 말에서 드러난다. "저희는 목사님이 떠나시는 게 마음 아프지만, 그렇다고 목사님 앞길을 막고 싶지는 않습니다."

반대로 목회자가 큰 교회에서 작은 교회로 옮기면, 최악의 경우, 사람들은 그가 어떤 비행 때문에 벌을 받고 있다고 생각하거나 기껏해야 무능하다고 생각할 것이다. 이것을 보여 주는 사례가 있다. 경험 많은 목회자가 자원해서 큰 교회를 사임하고 작은 4개의 교회로 구성된 시골 교구로 옮긴 경우다. 여러 달 후, 그가 섬겼던 교회의 평신도 지도자가 그를 찾아왔다. 대화가 오가는 중에, 그 평신도는 이렇게 물었다. "목사님이 대답하시고 싶지 않을지도 모르겠지만, 목사님이 어떻게 하셨기에 이 교회로 오시게 되었습니까?"

평신도들과 목회자들과 교단 관리자들 사이에 만연한 이런 태도는 작은 교회를 열등한 교회로 여기는 것이다.

작은 교회의 단점과 장점

작은 교회는 작기 때문에 단점도 있고 장점도 있다. 작은 교회는 큰 교회에 비해 자원이 제한적이다. 물론, 50명으로 가능한 프로그램들이 500명으로 가능한 프로그램들보다 수수할 수 있다. 특별한 여러 관심사별로 모이거나 다양한 연령별로 모이는 것이 작은 교회에서는 가능하지 않다. 예를 들면, 다양한 스터디 그룹, 남성과 여성 기관들, 교회학교에 공립학교와 맞먹는 여러 반들을 두는 것이 작은 교회에서는 가능하지 않다. 건물 내 공간도 제한적이라 가능한 프로그램을 시행하는 데 제약이 따른다.

성가대가 있다면, 소화할 수 있는 찬양의 범위도 제한적이다. 회중은 그랜드 파이프 오르간 대신 작은 전자 오르간이나 피아노에 맞춰 찬송을 부른다. 깔끔하고 세련된 예배 주보를 만들 여유가 없거나 이런 주보가 실용적이지 못할 수 있다. 목회자가 다른 교회도 함께 맡고 있다면, 어느 한 교회의 필요를 염두에 두고 예배나 설교를 계획하기 어려울 것이다. 사실, 목회자가 시간을 분배해 몇몇 교회를 돌보거나 파트타임 일자리를 구해야 한다면, 오랜 시간 깊이 생각하고 묵상하며 설교와 예배를 준비할 시간이 절대적으로 부족하다고 느낄 것이다. 짜임새가 아주 훌륭하고 '프로 수준의' 음악과 설교가 있는 큰 교회의 예배와 비교하면, 작은 교회의 예배는 이류에 아마추어 수준으로 어설프기 짝이 없다고 느껴지기 일쑤다.

재정은 일 년 내내 어렵다. 작은 교회는 수입의 많은 부분, 어떤 경우 절반에서 3분의 2 가량을 목회자 사례비로 지출한다. 이렇게 하더라도, 한 목회자를 하나 또는 몇몇 교회와 공유하거나 다른 직업이 있는 파트타임 목회자를 두는 경우가 많다.

교단은 지교회들에 대해 다양한 기대를 한다. 교회 내부의 여러 위원회와 조직, 다양한 연령대별 프로그램, 각종 선교 프로젝트와 교단 프로그램을 위한 후원금 등이 그것이다. 그러나 많은 작은 교회들이 이러한 기대를 충족시킬 수 없다. 여러 위원회를 두거나 다양한 프로그램을 운영할 만큼 사람이 많지 않기 때문이다. 교단 예산을 위한 '당연한 몫'을 내고 나면, 이런저런 프로그램을 진행할 여력도 거의 남지 않을 것이다. 목회자 사례비를 줘야 하고, 교회 학교 같은 교회 운영에 꼭 필요한 비용을 먼저 지출해야 하기 때문이다.

그럼에도 작은 교회는 여러 장점이 있는데, 이 장점들이 성장과 크기를 강조하는 대중 사회에서 간과되고는 한다. 작은 교회에서는, 개개인이 전체에 더없이 중요하다. 교회는 구성원 하나하나가 필요하다. 누군가 빠지면, 모두가 다 안다. 작은 교회는 예배에 참석하는 비율이 큰 교회에 비해 일반적으로 높다. 이유는 분명하다. 모든 사람이 다 필요하며, 한 사람이라도 보이지 않으면 모두가 아쉬워하고 걱정한다. 작은 교회에서는 개개인이 절대로 투명 인간이 될 수 없다.

작은 교회는 교인들이 교회 운영에 참여하는 비율이 높다. 큰 교회의 경우, 낮은 비율의 소수만 교회 운영에 참여하지만, 작은 교회는 전체가 하나의 위원회로 움직인다. 그 결과, 작은 교회 교인들은 자신의 교회와 그 활동에 대해 책임감과 주인 의식이 강하다.

작은 교회 교인들은 공동체 의식도 강하다. 이런 공동체는 구성원들이 서로 든든한 버팀목이 되고, 일종의 대가족처럼 기능한다. 이후의 장들에서 우리는 예배와 설교를 논할 때 가족을 비유로 들어 설명할 것이다. 작은 교회는 배타적이 되어 새로운 사람을 받아들이길 주저하거나, 어느 정도 유예 기간을 거친 후에나 받아들이게 될 수도 있다.

어떤 작은 교회든 삶의 중심은 예배와 설교다. 작은 교회는 큰 청소년부도 없고, 학년별로 나뉜 교회학교 부서도 없으며, 잘 갖춰진 시설들도 없고, 대규모 구제 예산도 없으며, 다양한 연령대를 위한 주중 프로그램도 없다. 따라서 대다수 작은 교회의 존재 이유는 주일 아침 예배다. 작은 교회들 중에는 건물이 없거나, 교육 프로그램이 없거나, 예산이 없거나, 공식적인 조직이 없는 교회가 있을 수 있다. 그러나 작은 교회라고 설교와 예배가 없는 교회는 없다. 우리는 이것이 작은 교회의 이점이라고 생각한다. 교회의 조직 유지와 교육 프로그램과 상담 서비스와 사회 활동과 지역사회 봉사가 강조되는 현재 상황에서, 말씀 사역과 성례 사역, 곧 우리를 불러 파송하시는 주님을 선포하고 기도하며 찬양하는 것이 하나님의 교회가 해야 할 주된 사역이자 다른 모든 사역의 근원임을 작은 교회가 기억하는 데 도움이 되기 때문이다.

오늘날의 전례典禮 연구, 설교를 보는 새로운 시각, 최근의 예배 혁신 등에 비춰 볼 때, 작은 교회의 '작음'은 설교와 예배를 위한 뚜렷한 이점으로 볼 수 있다. 작은 교회는 가족적인 분위기이고, 설교자(예배 인도자)와 교인들 간의 관계가 긴밀하며, 예배자들의 참여도가 높은 편이다. 또 이른바 투명 인간이 없으며, 공동체 의식이 강하고, 개개인의 필요를 안다. 이 모든 것은 설교 및 예배와 관련해서 긍정적인 특징이다. 뒤이어 몇 장에서는, 작은 교회의 특징에 대한 이해가 설교와 예배의 목적, 실제, 신학에 대한 이해와 맞물릴 때 교회가 생명과 활력으로 넘치게 될 가능성에 대해 살펴볼 것이다. 나아가, 중요하지만 소홀히 여겨지기 일쑤인 그리스도의 몸, 즉 작은 교회가 가진 문제를 훨씬 능가하는 면을 보는 긍정적이고 새로운 시각에 대해 살펴보겠다.

작은 교회의 영향

1944년 12월, 독일군이 기습 공격을 감행했다. 이른바 벌지 전투Battle of the Bulge에서 연합군 전선에 큰 구멍이 뚫렸다. 제임스 존스James Jones는 《2차 세계대전World War II》이라는 책에서, 미군이 이때 감행한 반격을 이렇게 기술한다.

작은 교회의 설교와 예배

이 작은 길목에서 적에게 맞선 숱한 저항 중에 어느 하나도 독일군의 진격에 큰 영향을 미칠 수 없었다. 그러나 이름 모를 다리와 교차로에서 적에 맞서 벌인 수백 번의 작은 전투들이 독일군의 진격을 크게 늦추었다.⋯ 눈이 내리고 안개가 자욱하며 교신조차 되지 않는 상황에서, 적에 맞선 이러한 불굴의 '작은 저항들'이 크기에 비해 엄청난 효과가 있었던 것으로 증명되었다.(p. 205)

여기서 교훈을 하나 얻을 수 있다. 하나님 나라를 크게 확장하는 것은 교단 본부가 하는 일이 아니라 작은 교회들을 비롯해 전국 각지의 지교회들이 하는 사역이라는 점이다. 작은 교회들의 사역은 그 크기에 비해 엄청난 효과를 낸다.

2장
작은 교회를 생각한다

어느 작은 교회가 목회자를 구하고 있었다. 그 교회의 평신도 지도자가 한 후보자를 두고 관계자와 의논했다. "설령 이 목사님이 저희 교회에 오시더라도 오래 계시지는 않을 겁니다. 젊고 유능하니까 곧 더 큰 교회로, 저희보다 사례비를 많이 줄 수 있는 교회로 옮기시겠지요. 아무도 작은 교회에 붙어 있고 싶어 하지 않습니다."

미국 문화는 성장과 크기에 큰 가치를 두는 경향이 있다. 비행기든 빌딩이든 교회든 간에, 가장 큰 것을 자랑한다. 인구가 빠르게 늘어나는 도시는 눈에 잘 띄는 장소에 광고판을 세우고, 그 주에서 가장 빠르게 성장하는 도시라고 광고할 것이다. 왜 그러는지는 설명하기 어렵지만, 미국이 여전히 비교적 젊은 국가라는 사실과 관련 있을 수 있다. 사람들은 나라 곳곳을 개척하고 발전시켜야 한다는 압박감 때문에, 이미 이 목표를 실현했는데도 아직 멀었다는 생각이 아주 강하다. 이유가 무엇이든 간에, 성장하고 더 커지는 것을 좋게 여긴다. 그대로이거나 작아지는 것은 바람직하지 않다고 여긴다.

개신교회 내에도 똑같은 태도가 만연해 있다. 교회가 커지거나 예산이 늘거나 교단에 선교 후원금을 많이 낼 수 있으면, 기뻐할 이유가 있는 것이다. 그 반대이면, 교회 지도자들은 그 결과가 걱정스럽고 심지어 고통스럽다.

지교회의 발전도 성장과 통계 숫자로 판단하는 경향이 있다. 몇몇 교단의 경우, 목회자들이 매년 교단에 제출해야 하는 서류가 있다. 이 서류 양식에는 등록 교인 수와 출석 교인 수, 교회가 교단의 여러 프로그램에 후원하는 금액 내역 등이 포함된다. 숫자가 커지고 있으면, 교회와 목회자는 성공하고 있다고 여겨진다. 숫자가 그대로이거나 작아지고 있으면, 뭔가 분명히 잘못된 것으로 여겨진다.

지교회는 그 자체의 효율성을 최대한 객관적으로 평가해야 하며, 앞으로 이에 관해 논의할 것이다. 안타깝게도, 교단이 수집하는 데이터의 많은 부분이 이런 평가에 활용되지 못하고 있고, 오히려 교단에 더 많이 기부하라고 각 교회들을 압박하는 데 이용된다. 심지어 어느 교단은 목회자들에게 교인들이 구독하는 교회 잡지 부수를 보고하라고 요구했으며, 이 수치를 교단 연감에 실었다. 사실, 컴퓨터를 갖춘 출판사는 이런 정보가 필요 없었다. 몇 부가 팔렸는지 알기 때문이다. 교단이 이런 수치를 요구한 목적은 목회자들을 압박해 구독자를 늘리는 데 있었다.

　미국 문화에서 일반적으로 받아들여지는 기준 외에, 교회가 성장과 크기에 더 큰 가치를 두는 이유들이 있는지 질문해 볼 것이다. 사실 지난 20년간, 사회 속에서 교회의 성격과 역할을 이해하는 데 도움이 되었던 자체적으로 세운 전제들이 작은 교회를 끌어내리는 데 한몫 했다.

내부의 방해물

교단의 두 가지 내부 요소 때문에, 작은 교회 사람들은 자신의 교회가 뭔가 부족하다고 느끼게 되었다. 첫째는, 사회 변화를 위해 교회의 참여를 강조한 것이다. 둘째는, 교단 지도자들이 규범으로 제시한 이상적인 지교회 개념 때문이다.

　1950년대 말, 교단의 강조점이 교회 설립과 전통적 선교, 교회 활동에서 더 큰 사회 문제들로 옮겨 갔다. 이러한 전환은 1960년대 초에 서서히 진행되었다. 그러다 1960년대 중반, 강조점이 민권 운동에 집중되었다. 이 시기에 남부 전역에서 항의 시위들이 일어났고, 북부와 서부 도시에서는 폭동이 일어났다.

당시 교회 지도자들에게 중요한 것은, 늘 해오던 대로 전통적 사역들을 수행하는 것이 아니라 항의 시위에 참여하고 사회악을 제거하는 데 일조하는 것이었다. 이 시기에, 연합장로교회United Presbyterian Church 사무총장이 메릴랜드의 어느 놀이공원에 흑인들과 함께 들어가려다 체포되었고,• 미시시피에서 흑인 감독과 백인 감독이 같이 교회에 들어가려다 거부당했다. 누구에게나, 사회적 행동이 교회의 진정한 사역이었던 건 분명하다.

그러나 1960년대와 70년대 사회 운동에서 교회 역할이 얼마나 지혜롭고 효과적이었는지 분석하는 것은 이 책의 관심사가 아니다. 핵심은 교회가 더 큰 사회에 영향을 미치는 기관으로서 수적인 힘을 가져야 했다는 것이다. 작은 교회 자체는 더 큰 사회의 복잡한 문제에 큰 영향을 미칠 수 없었다. 따라서 작은 교회의 무용론까지는 아니더라도, 작은 교회의 약점이 강조되었다.

• 1963년 7월 4일, 미국 연합장로교회 총장(Stated Clerk) 유진 카슨 블레이크 (Eugene Carson Blake, 1906-1985) 목사가 뉴욕에서 메릴랜드로 와서 흑인들과 함께 행진하며 유색인의 입장을 허용하지 않는 Gwynn Oak Amusement Park에 들어가려 했다. 블레이크 목사는 이 시위 도중에 282명과 함께 체포되었다.

더 중요한 점은, 사회적 행위와 관련된 사역이 거의 언제나 교회 밖에서 이루어졌다는 것이다. 사람들을 교회로 인도해 믿음으로 양육하는 게 주 관심사인 목회자들이 오히려 교회의 진정한 사명에 헌신되지 못한 것으로 여겨졌다. 교단들이 관심을 갖고 에너지를 쏟는 이슈들이 더 중요하게 여겨졌다. 바로잡아야 할 필요가 절실한 사회악이 있는 것은 사실이다. 그러나 당시에는 이것이 교회의 유일한 과제나 주된 과제라고 주장했으며, 그래서 교회, 특히 작은 교회에 부정적 영향을 미쳤다. 그 결과, 작은 교회는 자신들의 사역, 대개 매우 잘하는 그 일이 교회의 전부가 아니라고 생각하게 되었다.

교단 관계자들은 산하 교회들에게 다국적 기업, 세계 기아, 인종차별, 소수자 인권, 사법 체계 같은 문제에 노력을 집중하라고 요구하였고, 지금도 같은 경향이 계속되고 있다. 그 결과 사람들, 특히 작은 교회 목회자들은 교단 지도자들이 가장 중요하다고 말하는 이 문제들을 다룰 수 없다는 것에 대해 압박과 좌절을 느낀다.

교단들은 작은 교회들의 능력을 넘어서는 기대를 모든 교회에게 하는 경향이 있다. 작은 교회 교인들은, 필요한 임원과 위원회 수에 있어서 자신들의 교회가 평균 이하라고 생각하게 된다. 예를 들면, 공간이 하나뿐인 전형적인 작은 시골 교회의 뒷벽에 교단이 요구하는 임원 목록이 게재되어 있는데, 같은 이름이 여러 번 나온다. 교인이 48명인 이 교회의 조직이 그렇게 복잡할 리 없었다. 교회는 교단 규정을 따랐고, 그러다 보니 교인들은 자기 교회가 지교회로서 기준에 부합하지 못한다고 생각했다.

교단의 다양한 부서에서 내놓는 무수한 프로그램들 또한 작은 교회로서 열등감을 느끼게 한다. 작은 교회는 선교 프로그램들과 사회 참여 프로젝트들을 시행할 수 없거나, 여성과 남성과 아이들을 위한 프로그램들을 둘 수 없거나, 스터디 그룹들을 만들 수 없거나, '온전한 교회 프로그램'에 필수라고 여겨지는 전도 집회들을 열 수 없다. 따라서 작은 교회 교인들은 예배와 설교와 양육을 위해 계속 모이지만, 열등감의 먹구름이 이들을 덮는다.

어디서 시작할 것인가?

'많은 목회자와 평신도가 작은 교회를 뭔가 부족한 교회라고 생각한다'라고 단언하면서, 왜 이렇게 생각하는지 설명

작은 교회의 설교와 예배

하는 것으로는 부족하다. 이 상황을 바꾸려면 어떻게 해야 하는지도 생각해야 한다. 작은 교회에 대한 부정적 이미지를 바꾸려면, 어느 단계에 있든 교단의 모든 사람이 교회의 사명과 사역을 다시 생각해야 한다. 물론 이것은 쉬운 일이 아니다. 변화는 느리게, 특히 정말 변화를 원하는지 스스로 확신하지 못할 때, 진행되는 경향이 있다.

바라는 변화를 이루려면 작은 교회를, 즉 작은 교회의 장점과 단점을 있는 그대로 받아들여야 한다. 개신교 목회자들은 자신의 교회를 개조하려는 경향이 있다. 때때로 작은 교회를 자신이 생각하는 마땅한 교회로 개조하려 하는데, 이들이 생각하는 마땅한 교회는 대부분 큰 교회다. 그러나 이상적 교회는 현실에 존재하지 않고, 목회자의 상상 속에만 존재한다.

목회자는 "내가 이 교회를 어떻게 바꿀 수 있을까?"라고 묻지 말고 "이 작은 교회가 최대한 효과적으로 증언하고 사역하도록 어떻게 도울 수 있을까?"라고 물어야 한다. 둘째 질문에 답하려면 여러 요소를 고려해야 한다.

그런데 한 가지 오류가 있다. 작은 교회 구성원들이 소중하게 여기는 특징들을 보면서, 이들은 비전이 없고 복음을 잘못 해석하며 전체적으로 잘못되었다고 보는 경향이다.

작은 교회의 안정성을 타성으로 보고, 작은 교회가 자신들의 유산을 소중히 여기는 것을 '과거 속에 사는 것'으로 보며, 작은 교회의 긴밀한 교제를 폐쇄적 패거리 문화로 본다. 몇몇 교회에는 이런 시각이 적용될 수도 있겠지만, 모든 작은 교회의 필연적 특징은 아니다.

어느 젊은 목회자가 이렇게 말했다. "저는 베다니 교회에 오래 머물고 싶지 않습니다. 발전 가능성이라고는 없는 교회거든요." 그의 말이 맞다. '발전 가능성이라고는 없다'는 말이, 교인 수가 급격히 늘어나지 않을 테고, 새 건물을 짓지도 않을 터이며, 새롭거나 색다른 프로그램을 시작하지도 않으리라는 뜻이라면 말이다. 베다니 교회는 교인들이 함께 모여 예배하고 말씀을 들으며, 서로 양육하고 서로 버팀목이 되어 주는 전통적 교회로 계속 남을 것이기 때문이다. 이 목회자의 우려는, 베다니 교회가 자신의 경력에 보탬이 되는 방향으로 변화하지 않으리라는 것이었다.

베다니 교회는 함께 예배하고 함께 교회를 지켜 나가는 교인들의 시각에서 보면 효과적인 교회였다. 이들은 바꿔야 할 이유를 찾을 수 없었다. 그러나 목회자는 자신이 보기에 틀에 박혀 있고 정체되어 있는 교회에 만족할 수 없었던 것이다.

또 다른 문제는 교회와 더 큰 공동체, 즉 지역사회 간의 관계인데, 교회도 이 문제를 인식한다. 교회의 주된 목적이 공동체를 섬기는 것이라는 말을, 현대 교회는 공리^{公理}로 받아들인다. 우리는 이런 생각에 의문을 제기해야 한다. 교회의 주된 과제는 공동체 의식을 **창조하는** 것이다. 교회가 기독교 공동체로 발전하면 증언하고 사역할 수 있을 것이다. 즉, 개개인이 스트레스와 어려움에 처할 때 이들을 지원할 수 있다. 교회 밖 사람들에게 다가가 이들을 교회 안으로 인도하고 함께 교제할 수도 있다.

그러므로 교회가 종종 묻는 질문, "우리가 어떻게 공동체를 섬길 수 있는가?"라는 질문은 잘못된 것이다. 교회, 특히 작은 교회는 이 질문 대신에 "우리가 어떻게 공동체를 **창조할 수 있는가?**"라고 물어야 한다. 공동체로 발전하지 못하고, 믿음을 효과적으로 증언하지 못하며, 구성원들을 제대로 돌보지 못하고, 밖으로 나아가는 데 관심이 없다면, 첨탑과 스테인드글라스 창을 가진 건물에서 모이는 사람들이라 해도 교회가 아니다.

또 다른 문제는 평신도와 목회자가 작은 교회를 보는 방식이 다르다는 것이다. 칼 더들리^{Carl S. Dudley}는 통찰력 깊은 저서 《효과적인 작은 교회 만들기^{Making the Small Church}

Effective》에서, 작은 교회를 단세포 유기체에 비유했다. 단세포 유기체는 다세포 유기체와 다른 삶을 살지만, 그럼에도 불구하고 하나의 존재다. 작은 교회 구성원들은 작은 교회가 가치 있다고 본다. 그렇지 않다면, 작은 교회에 계속 출석하지 않을 것이다. 그들이 보이는 충성심으로 판단컨대, 그들은 작은 교회 구성원이라는 데 깊은 의미를 둔다.

이렇게 작은 교회 구성원들이 교회에 대해 만족스럽고 의미 깊다고 보는 반면, 많은 목회자들은 이렇게 보지 않는다. 앞서 보았듯이, 목회자가 자신의 경력과 관련해 갖는 기대치를 작은 교회는 충족시킬 수 없다. 실제로 작은 교회는 최소한의 사례를 할 수 있고, 이것으로는 파트타임 목회자밖에 구할 수 없을 것이다.

간단한 해결책은 없다. 또 완전히 만족스러운 해결책도 없다. 교회는 전임 목회자가 필요하지만, 많은 작은 교회가 이 필요를 채울 수 없다. 이런 문제가 있다는 사실을 반드시 깨달아야 한다. 그러나 작은 교회가 이러한 한계 때문에 증언과 사역을 제대로 할 수 없는 것은 아니다.

작은 교회는 대가족과 다소 비슷하다. 작은 교회는 오랜 시간 구성원들과 함께하며, 평생을 함께하는 경우도 있다. 그래서 작은 교회는 구성원들에게 정체성을 심어 준다. 다시 말해, 작은 교회 구성원들은 자신들이 누구인지 안다. 작은 교회는 구성원들의 승리를 함께 축하하고, 구성원들이 어려움에 빠질 때 함께 응원하고 돕는다. 또 작은 교회는 삶의 패턴에 변화를 일으키는 의식儀式들을 만들어 낸다. 내부의 긴장과 갈등이 있을 수도 있지만, 외부의 힘이 어느 구성원이라도 위협하면 똘똘 뭉친다. 작은 교회는 구성원을 돌보며 사랑할 수 있는 한편, 교회 규범에서 벗어나는 구성원을 훈계할 수 있다. 작은 교회는 구성원이 되기가 어렵거나 불가능할 수도 있다. 즉 개개인이 스스로 가족 구성원이 될 수는 없다. 가족이 그를 입양해야 한다. 작은 교회들 대부분이 그렇다. 그러나 일단 가족 구성원으로 받아들여지면, 가족에서 없어서는 안 될 일원이 되며 가족의 권리와 의무를 온전히 공유한다.

작은 교회의 '작음'을 생각하려면, 다시 말해 작은 교회를 긍정적으로 생각하려면, 먼저 작은 교회가 구성원의 삶에 미치는 영향과 이 영향이 교회의 목적과 어떻게 연결되는지 잘 살펴야 한다. 이것은 교회에 대한 신학적 이해가 사회 상황에서 드러나는 방식을 숙고한다는 뜻이다. 작은 교회가 이 기능을 수행하는 방식이 다음 장에서 살펴볼 주제다.

3장
주일: 교회의 중심

주일 아침 이른 시간, 밝은 겨울 햇살의 첫 빛줄기가 벧엘 교회에 내려앉는다. 픽업트럭이 도착한다. 한 남자가 트럭에서 내려 작은 교회의 정문 자물쇠를 열고 안으로 들어간다. 그는 조지 스미스다. 조지는 주일마다 이 시간이면 교회에 와서, 계절에 따라, 난로를 켜거나 창문을 연 후 집으로 돌아가 아침을 먹고 다시 교회에 온다. 잠시 후, 자동차가 한 대 도착한다. 이번에는 루시 톰슨 부인이 교회에 들어가더니, 강단 뒤, 장년부가 모이는 공간으로 들어간다. 여느 때처럼, 톰슨 부인은 준비한 강의 노트를 작은 강대상에 올려놓고 의자 열 개를 반원형으로 가지런히 놓은 다음 자리에 앉아 장년부 부원들을 기다린다.

톰슨 부인의 기다림은 길지 않았다. 곧 자동차 두 대가 주차장에 서더니, 존슨 부부와 테이트 부부가 교회로 들어온다. 10시 쯤, 스테이션왜건 한 대가 주차장으로 들어오고, 열두 살에서 열일곱 살까지의 아이들 예닐곱이 내려 교회학교가 모이는 곳으로 들어간다. 자동차 네 대가 더 속속 도착하고, 이제 교회에 모인 사람은 24명 정도에 이른다.

장년부서가 모인 공간에서 찬양 소리가 들린다. 클라인 부인은 자신의 반 아이들 셋에게 성경 이야기를 읽어 주기 시작했다. 그리고 10대 아이들이 에반스 씨와 함께 어제 있었던 풋볼 경기에 관해 얘기를 나누고 있다. 교회학교가 진행되고 있었다.

10시 45분 경 교회학교가 끝나자, 여자들이 그 공간의 의자들을 차지하고 담소를 나눈다. 클라라 브라운이 꽃병을 가을에 맞게 장식하고, 남자들은 교회 앞 참나무 주변에 둘러서서 담소를 나누며, 아이들은 모여 에반스 씨의 새 차를 구경한다. 클라인 부인은 어린 샐리 에반스가 자신이 그린 선한 사마리아 사람 그림을 교회학교 교실 벽에 거는 것을 돕는다. 사람들을 태운 자동차가 세 대 더 도착한다. 그 중 한 대에서 수술을 받고 퇴원한, 나이가 지긋한 존 제이콥스 씨가 내린다. 모두들 그에게 다가가 인사를 건네며 그가 차에서 내리는 것을 돕는다. 작은 차가 정문 바로 옆 주차 공간에 들어온다. "목사님 오셨어요." 아이 하나가 소리친다. 20대 후반의 젊은 목사 짐 모리스가 차에서 내려 남자들과 악수를 나누고, 그 사이 아이 하나가 그의 가운을 챙긴다. 모리스 목사는 벧엘 교회와 여기서 몇 마일 떨어진 오크리지 교회를 함께 섬긴다.

작은 교회의 설교와 예배

남자들과 아이들이 교회로 들어간다. 톰슨 부인이 피아노 앞에 앉고, 조지, 제임스, 루이스, 매리가 성가대석에 앉는다. 톰슨 부인이 찬송가 한 부분을 연주하는 동안, 가운을 입은 모리스 목사가 강단으로 올라가 찬송가를 펼치며 말한다. "좋은 아침입니다. 함께 하나님을 예배합시다." 회중이 화답한다. "좋은 아침입니다." 벧엘 교회가 주일 아침 예배를 드리기 시작한다.

주일에 무슨 일이 있었는가?

초기 그리스도인들은, 안식일을 기억하고 거룩하게 지킨 유대인 선조들과 달리, 일요일, 즉 자신들이 주일(주의 날)이라고 부르는 날을 선택했다. 이들은 일요일, 곧 한 주의 첫날을 부활의 날로, 새 시대의 첫 날로, 하나님이 부활하신 그리스도로서 늘 곁에 계시면서 자신들의 공동체 안에서 역사하시는 날의 상징으로 보았다. 주일은 이들이 가진 믿음의 핵심을, 복음의 의미를 상징했다. 주일이 중심이었다.

그러나 다양한 역사적 환경들을 겪으면서, 주일은 교회 내 삶의 중심에서 다소 밀려났다. 가톨릭교회의 경우, 주중에 있는 숱한 성인의 날들과 주요 절기, 급증하는 주중 미사 때문에, 주일이 과연 중심인지 모호해졌다. 반면 개신교인들은 일반적으로 이러한 문제를 겪지 않았다. 종교개혁자들의 주요 목표 중 하나가, 주일 예배와 경쟁하는 여러 예배 및 많은 성인의 날들을 없앰으로써 주일이 교회의 삶에서 중심 자리를 회복하게 하는 것이었기 때문이다. 이들은 주일, 곧 부활의 날, 성육신의 축일, 대속을 기념하는 날이 다른 모든 교회 활동의 중심이자 근원이길 바랐다.

그러나 오늘날, 다른 방식들로 인해 주일은 중심 자리를 위협받고 있다. 개신교회들은 주일 저녁 예배, 교회학교 예배, 수요일 저녁 기도회를 비롯해 여러 예배를 추가했고, 이 예배들은 주일 아침 예배를 그대로 베낀 것이 많았다. 물론 평신도가 보기에 개선하는 경향이 있기도 했다. 감성적인 면을 강화하고, '훌륭한 옛 찬송들을 부르며', 평신도들이 참여하면서 형식에 얽매이지 않는다는 면에서 그렇기도 했다. 주일 예배는 '프로그램으로 채워진 교회'라는 관념의 희생자가 되었다. "누가 그리스도인인가요?"라는 질문에, 개신교 평신도가 "그리스도인은 주일에 교회에 가는 사람입니다"라고 답하면, 곧바로 그것은 그리스도인의 삶에서 작은 부분일 뿐이라는 말을 들었다. 슬로건은 "당신이 교회 밖에서 하는 일이 교회 안에서 하는 일보다 중요하다"는 쪽으로 옮겨 갔다. 교회학교, 청년 교제 모임, 주중 기도회와 성경공부 모임, 사회 활동 프로그램, 잘 짜인 교육 활동, 끝도 없어 보이는 위원회 모임들… 이 모든 것이 사람들을 설득시켰다. 예배는 전체 프로그램에서 작은 부분일 뿐이라고.

이런 생각은 미국처럼 실용적이고 실리적이며 일을 지향하는 사회에 아주 강하게 작용했다. 예배 시간을 허비되는 시간, 곧 사용하지 않는 시간으로 생각하는 경향이 있다. 그러나 어떻게 예배 '행위'가 기독교 교육, 상담, 청소년 프로그램, 당회, 성경공부 모임, 자선 사업 같은 행위들과 그 중요도에서 경쟁할 수 있는가? 문이 늘 열려 있어서 주중에 밤마다 모임이 열리고, 수많은 활동에 참여할 사람들을 모집하는 안내장을 돌리며, 주중 내내 모든 교인을 늘 바쁘게 하는 교회, 규모가 커지길 갈망하는 모든 교회는 이런 패러다임을 갖게 되었다.

각종 주중 모임과 지역사회 활동과 잡다한 관리 업무에 정신없이 바쁜 '활동적' 목회자, 모든 기계에 늘 기름칠을 해서 프로그램으로 채워진 교회가 부드럽게 잘 돌아가게 하는 목회자, 교회가 크게 되길 갈망하는 모든 목회자는 이런 패러다임을 갖게 되었다. 이렇게 실용적이고 프로그램 중심적이며 성공 이미지를 지향하는 교회에서, 주일 예배는 중심 자리로부터 밀려났다.

그리스도인은 주일에 교회에 간다

대다수 그리스도인들에게, 그리고 교회 역사의 많은 부분에서, 그리스도인을 뜻하는 가장 좋은 표현은 '주일(일요일)에 교회 가는 사람'이었다. 목적과 의미 면에서, 그리스도인이란 누구고 기독교 예배란 무엇이며 교회는 무엇을 해야 하는가를 설명하는 성경적, 신학적 진술에서 꼭 필요한 요소가 바로 주일이다. 역사가 깊은 어느 교리문답은 '사람의 제일 되는 목적은 하나님을 영화롭게 하는 것과 영원히 기뻐하는 것이다'라고 했다. 종교개혁자들은 교회란 '말씀이 바르게 선포되고 성례가 합당하게 시행되는 곳'이라고 했다. 바울은 그리스도인의 모임을 가리켜 '그리스도의 몸'이라고 했다(고전 12:27). 이들은 모두 주일 예배가 선포하는 바로 그것을 선포했다.

우리가 드리는 예배의 주된 초점과 이유는 하나님이다.

우리가 예배하는 이유는 단순하다. 하나님이 하나님이시고 우리가 하나님의 자녀이기 때문이다. 수적 또는 영적 성장, 사회 변화, 조직 유지, 치유, 교육 등은 언제나 이차적이다. 이것들은 '하나님을 예배함'이라는 핵심 행위에서 나오는 곁가지다. 예배의 주된 목적은 오직 하나님을 영화롭게 하는 것일 뿐 다른 그 무엇도 아니다. 우리가 예배 가운데 하나님을 섬기느라 바쁠 때라도, 하나님이 우리와 우리의 필요를 은혜로 채워 주시는 것 또한 사실이다. 그러나 예배가 없으면, 우리가 교회 안팎에서 하는 선한 행위가 **하나님의** 선이라는 보장이 없으며, 교회가 참여하는 가장 고상한 활동이라도 **하나님의** 행동의 한 부분이라고 주장할 권리가 없다.

작은 교회는 우리가 생각하는 성공한 교회의 이미지에 부합할 수 없을 것이다. 작은 교회는 여러 교단이 각 교회에 요구하는 사항을 충족시킬 수 없을 것이다. 작은 교회는 프로그램으로 채워진 교회의 흉내도 못 낼 것이다. 그러나 우리가 알기로, 아무리 작은 교회라도 주일을 기념하는 매우 선한 일은 할 수 있다. 사실, 작은 교회들은 큰 교회들이 부끄러워할 법한 방식으로 주일을 기념하기도 한다.

작은 교회가 이른바 '프로그램으로 채워지는 교회'라는

불가능한 기준으로 스스로를 평가하거나, 활력이 넘치는 조직을 따라서 최근 유행하는 개념을 수용한다면, 계속해서 좌절할 수밖에 없다. 작은 교회가 스스로 부족하다고 느낀다면 그건 아주 이상한 일이다. 교회의 유일한 존재 이유는 주일 예배이기 때문이다. 앞서 말했던 핵심으로 돌아가서 말하자면, 주일이 교회의 중심이며 그 이유는 주일 예배가 교회의 목적과 사역을 너무나 아름답게 나타내 보이기 때문이다.

어떤 사람들은 좀 더 활동적인 교회들이 농구 경기, 바자회, 현장 탐구, 스터디 그룹, 지역사회 봉사, 조직 관리 같은 곁길로 빠져 교회의 기본적인 신학적 목적을 교묘하게 회피하려 한다고 의심한다. 이런 교회는 예배마저 숨 가쁘고 다급하며 산만하기 일쑤다. 분주하고 번성하는 교외 교회, 프로그램과 활동이 동네 YMCA와 거의 구분되지 않고 목회자가 지역사회 클럽의 프로그램 관리자와 다를 바 없어 보이는 교회는 스스로 인정하는 것보다 더 위험한 상황에 처해 있다. 신학자들이 오래 전부터 지적했듯이, 우리는 우리의 행위나 의로 우리의 영적 공허를 덮으려 함으로써 펠라기우스적• 분주함을 드러내기 일쑤다.

작은 교회가 자신만의 사명 의식과 긍정적 자기 이미지

를 회복하는 방법은 하나뿐이다. 자신의 삶과 보편적인 교회의 삶에서 주일이 갖는 근본 의미를 회복하고 담대하게 주장하는 것뿐이다. 작은 교회는 큰 교회가 최근에 하는 일들은 할 수 없을 것이다. 하지만 말씀을 선포하고 알리며, 그리스도의 몸을 돌보고 세우며, 리차드 니버[Richard Niebuhr, 1894-1962]의 유명한 표현처럼 '하나님과 이웃 사랑을 커지게' 할 만반의 준비가 되어 있다. 교회의 신학적 목적을 성취하는 일에는 결코 많은 사람이 필요하지 않다.

구체적으로 말하자면, 작은 교회 목회자들이 설교와 예배 인도를 주된 목회 사역으로 보아야 한다는 뜻이다. 이것은 신학적 의미뿐 아니라 실제적 의미에서도 좋은 일이다. 주일 아침 예배 때, 목회자는 주중 어느 경우보다 더 많은 교인들과 더 오랜 시간을 함께하고 마주한다. 그러므로 목회자가 주일 아침 예배를 가볍게 여긴다면 어리석은 일이다. 주일 아침 예배를 세밀하게 계획하고, 설교를 꼼꼼히 준비하며, 전례를 행하는 방법을 끊임없이 재평가하고 다

• 펠라기우스주의(Pelagianism)는 아일랜드 수도사 펠라기우스(Pelagius, 약 364-415)의 가르침으로, 하나님의 은혜 없이도 인간 노력과 공로가 구원을 이룰 수 있다는 것이다. 펠라기우스는 인간의 원죄를 부정했으며, 인간의 도덕적 의지는 하나님의 도움 없이도 선과 악을 선택할 수 있다고 주장했다.

듣어야 한다. 최근 이들의 사역이 갈팡질팡하는 것을 고려할 때, 많은 개신교 목사들이 설교 및 예배와 관련된 책임을 소홀히 하고 여기에 제대로 투자하지 않는 것은 비극이다. 교회, 특히 작은 교회가 목회자에게 거는 기대는, 주일 아침에 설교하고 예배를 인도하며 따뜻하게 보살피는 지도자의 능력과 떼려야 뗄 수 없다. 다른 목회 활동들도 가치 있고 꼭 필요할 수 있다. 그러나 교인들은 분별력이 있기에 알고 있다. 다시 말해, 교인들은 목사가 주일 아침에 설교와 예배를 통해 자신들을 하나님께 제대로 인도하지 못하면, **목회자**가 필요한 다른 교회 활동들에서도 즉 조직의 지휘자, 공동체 조성자, 사회사업가, 좋은 친구로서도 근본적으로 도움이 되지 못하리라는 것을 안다.

더 나아가, 작은 교회는 주일을, 즉 예배를 자신의 주된 활동으로 보아야 한다. 예를 들면, 대다수 작은 교회들이 계속 실패하는 부분이 있다. 교단의 기독교 교육 전문가들과 커리큘럼 자료 개발자들이 꼭 필요하다고 여기는 세분화되고 정교한 프로그램을 시행하려다 실패하는 것이다. '우리가 교회학교에 관해 할 수 있는 게 무엇인가?' 또는 '우리가 어떻게 제대로 된 청소년 프로그램을 실행할 수 있는가?' 작은 교회에서는 늘 이런 질문이 제기된다.

작은 교회의 설교와 예배

대부분의 작은 교회 목회자는 교회학교를 지원하고 가르치고 싶지만 이 교회, 저 교회 급하게 옮겨 가며 예배를 인도하느라 분주하기 이를 데 없다. 우리는 교회학교가 꽤 최근에 생겨났다는 사실을 종종 잊는다. 교회학교는 교회의 삶을 풍성하게 하려던 **평신도**가 생각해 낸 혁신이다. 사실, 교회학교의 중요성은 주일 아침 예배에 대한 투자와 이 예배의 내용과 의미가 줄어드는 것에 비례해 커진다고 할 수 있다.

　　아주 오랜 기간, 주일 아침 예배는 교회 교육의 주된 자원이었다. 주일 아침 예배 때, 사람들은 성경 말씀을 들었고 목회자의 권위 있고 섬세한 성경 해석에 귀기울였다. 주일 아침 예배 때, 사람들은 놀라운 믿음의 사건과 주제를 배웠을 뿐 아니라 그 속으로 들어갔다. 목회자는 작은 교회가 줄 수 없는 특정한 교육 경험들로 인해 한탄하기보다는 이렇게 물어야 한다. "내가 예배를 어떻게 계획하고 인도하면 성도들이 믿음에 관해 더 많이 배우고 더 단단한 신앙인으로 성장할 수 있을까?" 어떤 경우에는 가르치는 설교가 가장 적절하다.

　　다시 말해, 목회자가 기독교 교육자로 상주하면서 믿음의 신비를 분명하게 설명해 줄 수 있다. 아이들과 청년들을 가르치는 한 방식으로, 이들을 성경 운반자[Bible bearer]•, 복사[服事]••, 안내자, 성경 낭독자, 기도문 작성자로서 예배에 참여시킬 수 있다. 이렇게 함으로써 이들은 전체 회중의 예배를 돕는 것이다. 다음 몇몇 장에서는, 교인들을 성장시키는 자양분을 충분히 공급하기 위해 주일 설교와 예배의 성경적·신학적 내용을 회복할 필요성, 그리고 이를 위한 방법을 살펴보겠다.

작은 교회 목회자는 주일 예배를 통해 교인들을 보살피고, 이들에게 신앙 교육을 하며, 사회 활동을 위한 동기를 부여해야 한다. 또 공동체를 강화하고, 젊은이들과 대화하며, 이들을 양육할 기회를 찾는 게 지혜롭다. 만약 이런 일들이 주일 예배에서 이루어지지 않으면, 작은 교회의 경우, 이런 일들이 이루어질 수 없다고 생각하는 게 옳을 것이다. 교회의 예배는 작은 교회의 삶을 재는 믿을 만한 가늠자이기 때문이다. 교회의 가족들은 주일 예배를 통해 자신의 승리를 축하하고, 자신의 패배를 애통해하며, 자신의 가장 깊

• 예배 시작 때 큰 성경을 들고 들어와 설교단에 펼쳐 놓는다.
•• 가톨릭 미사에서 사제를 돕는 사람. 가톨릭의 전례를 따르는 성공회에서도 복사가 예배를 돕는다.

작은 교회의 설교와 예배

은 필요를 채운다.

작은 교회는 주일 예배에서 강한 주인 의식을 자주 표현하는 한편, 예배의 변화에 자주 저항할 것이다. 익숙한 예배 패턴이 깨질 때 분노를 표현할 것이다. 이러한 저항과 분노는 작은 교회의 삶에서 주일의 경험이 중요하다는 증거이며, 따라서 목회자가 교묘하게 극복해야 할 부정적 특징이 아니라 인정하고 풍성하게 해야 할 긍정적 특징으로 여겨야 한다.

주일 예배는 교회 생활의 중심이며 가족의 정체성을 형성하고 표현한다. 그런데 바로 이것이, 예배를 함께 드림으로써 작은 교회 두셋을 하나가 되게 하거나 멍에를 함께 지게 하거나 팀 사역을 하게 하는 방식이 좀처럼 먹혀들지 않는 주요 이유다. 이러한 시도의 동기는 이해가 된다. 교회를 키우려는 바람 때문이거나, 예배 인원이 적기 때문이거나, 경제적 어려움 때문이거나, 목회자가 시간과 에너지를 덜 쏟게 하려는 배려 때문일 수 있다. 그러나 이런 시도의 일반적 결과도 이해가 된다. 그 결과는, 교인이 더 줄고, 진정한 일체감이나 공동체 의식이 형성되지 않으며, 예배 참여도 줄어드는 것이다. 각 교회에 가치 있는 역할이나 사명 의식이 있다면, 뚜렷한 정체성과 자신만의 개성을 갖게 된다. 이 개성을 다른 교회의 개성과 섞어 버리면, 둘 다 망가진다. 작은 두 교회의 예배를 하나로 합치려다 보면, 전례와 신학보다는 프로그램이나 조직 관리에 더 큰 가치를 두기 때문이다. 우리는 목회자들과 교단 관리자들이 작은 교회들의 예배를 하나로 합치고 싶어 하는 이유를 이해할 수 있다. 그러나 작은 교회 교인들이 여기에 저항하는 이유도 이해할 수 있다.

거의 2천 년 동안, 목회자들은 주일 예배를 통해 회중에게 하나님의 말씀을 전하고 이들을 인도했다. 신자들을 목양했고, 훈련하고 교육했으며, 양육하고 지원했으며, 상담하고 조언했으며, 사회 활동에 참여하도록 준비시켰고, 다음 세대에 신앙을 물려주었다. 대다수 작은 교회들과 그 목회자에게, 주일은 여전히 함께하는 삶의 기본적이고 가장 유망한 자산이다.

4장

예배: 만남의 의식

프로그램으로 채워진 한 교외 교회의 주보가 매주 목요일 교인들에게 발송된다. 주일 예배 순서뿐 아니라 다음 주에 있을 모든 활동 내역이 주보에 실린다. 초가을 한 주간의 전형적인 스케줄은 다음과 같다.

주 일:　중등부 롤러스케이트 파티
　　　　　고등부 야외 요리 파티

월요일:　여신도회 연례 바자회를 위한 워크숍
　　　　　운영위원회 회의
　　　　　트리니티 교회와 농구 시합

화요일:　브라우니 스카우트
　　　　　컵 스카우트
　　　　　재정위원회 회의
　　　　　선교 연구-아프리카 독립 운동

수요일: 마더스 모닝 아웃Mother's Morning Out 육아 프로
그램

동서 고속도로 노선에 관한 사회적 심의 위원
회 포럼

목요일: 갈렙 성가대 연습

중등부 성가대 연습

소년부 성가대 연습

핸드벨 성가대 연습

성단聖壇 성가대 연습

금요일: 보이 스카우트

청년 스퀘어 댄스

친교부 팟럭potluck 저녁 파티

토요일: 고등부 세차 모임

행동가와 생산자와 소비자가 넘쳐나는 사회에서, 교회는
행동하라고to do 부름 받은 게 아니라 **존재하라고**to be 부름
받았음을 기억하기란 쉽지 않다. 무엇인가를 **하는** 게 훨씬

작은 교회의 설교와 예배

쉽다. 그러나 언제나 주된 행동가는 하나님이시며, 우리는 하나님의 사랑 행위를 받는 자들이다. 하나님은 그분의 백성이도록to be, 그분의 일에 **참여하도록** 우리를 부르신다. 그분의 일을 **넘겨받도록** 우리를 부르시는 게 아니다. 교회의 '프로그램'은 하나님의 것이지 우리의 것이 아니다. 교회는 자신의 노력 자체를 목적으로 여기고 싶은 유혹을 받는다. 마치 우리의 목적이 '하나님과 이웃 사랑을 커지게' 하는 것이 아니라, 더 많은 사람이 더 많은 행동을 하게 하는 것이라는 듯 말이다. 마치 우리가 그리스도인의 삶을 반응이 아니라 의무로 인식해야 한다는 듯 말이다.

우리가 이 유혹에 굴복할 때, 그리스도인 개개인의 존재 목적은 교회의 활동과 사역을 지원하는 것이고, 교회의 존재 목적은 교단의 활동을 지원하는 것이며, 교단이 하나님의 일을 하는 것이라고 생각하기 시작한다. 사역은 교회 안에 있기보다, 예외 없이 '저기 바깥에out there' 또는 '저기 위에up there' 있게 된다. 교인들은 자신을 큰 조직의 한 부분으로 보며, 이 큰 조직에서 개개인이 할 일은 저 꼭대기 어딘가에서 하나님의 일을 하는 사람들을 지원하고 이들에게 물질을 대며 이들을 위해 기도하는 것이라고 보는 경향이 있다. 신학적 관심사는 교단의 관심사에 끊임없이 잠식될

위험이 있다.

로마 가톨릭 학자 버나드 쿡Bernard Cooke, 1922-2013은《말씀과 성례 사역Ministry to Word and Sacraments》에서 교회 사역의 다양한 목적을 살핀 후 이렇게 결론 내린다. "그러나 공동체의 주된 사역은 **존재함**으로써by being, 정확히 말해 믿음과 사랑의 공동체가 됨으로써by being a community, 그리고 이런 공동체로서 그리스도와 성령 안에서 이루어지는 하나님의 구원 행위를 증언함으로써 실행된다는 인상을 피할 수 없다." 다시 말하면, 교회의 주된 일은 **행동하는**do 것이 아니라 **존재하는**be 것이다.

목회자가 주일 아침 예배 때 강단과 식탁에서 하는 행동은, 세속적이고 관료적인 교회 이미지에 도전하고, 교회를 기본적인 신학적 근원으로 되돌려 놓는 것이어야 한다. 작은 교회가 조직과 그 제국주의적 요구들의 수혜자이기보다 희생자일 때가 많고, 주일 아침에 말씀을 선포하고 찬양하는 프로그램 외에 자랑할 프로그램들이 있다면, 이제 큰 교회들을 향해 그들의 신학적 뿌리와 책임으로 돌아가라고 외쳐야 할 때다.

예배가 중심이다

우리는 예배할 때 하나님을 섬긴다. 이것이 주일 모임을 흔히 '예배의 섬김 service of worship'이라 부르는 한 이유다. 예배는 그리스도인들의 일이다. 물론 이 일은 교회 건물 안팎에서 이루어진다. '전례 liturgy'라는 단어는 문자적으로 '사람들의 일'이라는 뜻이다. 하나님의 백성이 하나님께 집중된 일을 하고 하나님의 영광에 반응할 때, 이것이 이들의 전례, 곧 이들의 예배다. 우리가 주일에 행하는 전례든 아니면 월요일부터 토요일까지 행하는 전례든 간에, 전혀 차이가 없으며 모두 '하나님을 영화롭게 하고 그분을 영원히 기뻐하는' 우리의 소명에 속한다. 신약 시대와 초기 교회에서, 주일 전례는 주중에 하는 일과 떼려야 뗄 수 없었다. 우리는 하나님께 기도함으로써, 하나님을 찬양함으로써, 사랑으로 하나님의 진리를 말함으로써, 주린 자들을 먹임으로써, 하나님 편에 서서 싸움으로써, 가난한 자들을 사랑함으로써, 억압받는 자들과 함께함으로써 하나님을 섬긴다. 그리고 이 모두가 예배다.

주일 예배는 중심이고 본질이며 하나님을 향한 모든 섬김의 근원이다. 앞장에서 말했듯이, 예배는 가치 있는 여러 행위 중에서 선택할 수 있는 옵션이 아니다. 다음과 같이 말하는 사람이 있다면, 적잖게 오해한 것이다. "저는 노인 식사 봉사 프로그램에서 일하고 교회 청소년 프로그램을 도움으로써 교회를 섬깁니다. 저는 왜 주일마다 교회에 가야 하는지 모르겠습니다. 저는 예배를 드릴 필요를 느끼지 못합니다." 주일은 우리가 어떤 존재이고 어떤 존재가 아닌지, 하나님의 은혜로 우리가 어떤 존재가 되어 가고 있는지 일깨워 준다. 예배는 우리가 섬기는 분을 왜 우리가 섬기는지 일깨워 준다.

주일은 우리의 모든 섬김에 동기를 부여할 뿐 아니라 그 모든 섬김을 판단한다. 주일은 우리의 행위들이 다 하나님의 행위는 아니라는 것을 일깨워 준다. 주일은, 세상을 향한 우리의 섬김 중에 더러는 자기만족을 위한 것일 수 있고, 단지 세상이 원하는 것을 세상에 주는 것일 수도 있음을 일깨워 준다. 주일은 우리가 단순히 선을 행하는 이타적이거나 인간적인 시도를 할 것이 아니라 신학적 명령을 수행해야 한다는 것을 일깨워 준다. 우리의 영혼이 약해지고 우리의 시야가 흐려질 때, 작은 교회가 과도한 사역에 짓눌리고 하나님이 원하시는 교회가 되지 못해 실망할 때, 우리가 실망하지 않도록 소망을 회복시키는 것이 주일 예배다.

작은 교회의 설교와 예배

작은 교회에서, 낙담하고 억눌려 소망을 잃고 혼란에 빠진 가족이 단지 함께 모여 예배함으로써 새 사람들로 회복된 적이 얼마나 많았는가? 하나하나 외떨어져 있고 따로 놀며 서로 다투는 연약한 사람들이, 함께 모여 예배한 후 연합한 그리스도의 몸으로 회복된 적이 얼마나 많았는가? 다시 말해, 예배의 특별한 측면 중 하나는, 우리가 하나님을 섬기느라 바쁠 때에 하나님도 우리를 섬기고 계신다는 것이다!

사우스이스트 지역에서, 작은 시골 교회 교인들은 주일 예배 가는 것을 때로 '모임에 가기'(또는 '만남에 가기'going to meeting')라고 부른다. 이들은 이스라엘이 광야의 성소를 회막(모임의 천막 또는 만남의 천막)이라 불렀듯이 예배를 그렇게 말하고 있다. 최근 몇 년 사이, 주일 예배를 치료의 장, 사회 참여에 대해 동기부여 받는 곳, 교제를 돕는 도구, 개인 묵상을 위한 자극제, 예술 공연 등으로 보는 경향이 있다. 이 모두가 예배에서 이루어질 수 있다. 그러나 이것들이 예배의 **목적이** 된다면, 우리는 기독교 예배에 참여하는 게 아니다. 예배에서 우리는 하나님을 만나고 하나님은 우리를 만나시며, 우리가 하나님의 백성을 만나고 하나님의 백성이 우리를 만난다. 예배라는 이름에 합당한 예배라면, 이런 만남의 시간이어야 한다.

우리의 일상과 주일 아침 예배 때, 우리의 모임(만남)은 여러 의식을 수반해야 하고 이것들은 우리의 모임을 도와야 한다. 예를 들어, 우리가 거리에서 낯선 사람을 만날 때, 경계를 뛰어넘어 그 사람에게 다가가도록 돕는 일련의 의식화된 행동들이 있다. 악수, 입맞춤, "처음 뵙겠습니다" 같은 간단한 인사는 우리가 서로를 만나는 의식화된 방법이다. 부모는 자녀에게 다른 이와 만나는 적절한 방법을 가르친다. 이런 의식들이 없으면, 우리의 삶은 고립되고 자기 속에 갇히며 내향적이 되고 만다. 교회에도 우리와 하나님의 만남을 돕는 양식화되고 예측 가능하며 의식화된 일련의 방식이 있다. 주일 아침 예배 순서는 일련의 의식화된 행동이며, 이것을 통해 우리는 하나님을 만나고 하나님이 우리를 만나 주시길 바란다.

성경은 하나님이 대대로 인간을 만나 주셨다고 증언할 뿐 아니라 자신의 백성과 만나겠다는 약속을 오늘도 지키시리라고 단언한다. 이사야는 성전에서 하나님을 만났고 모세는 광야에서 하나님을 만났다. 예수님은 시몬의 집과 다락방에서 사람들을 만났고, 이 만남에는 식사도 있었다. 사도행전에 나오는 만남(모임)에는 성령님이 임하셨고, 이로써 교회가 탄생했다. 이 모두는 우리가 하나님을 만나는 때와 양식과 결과를 보여 준다.

여기서 우리의 목적은 다양한 예배 순서의 상대적 장점을 논의하는 것이 아니다. 교회가 주일 아침 예배 순서를 선택할 때, 어느 책을 낭독하든 자유로운 성령의 인도를 따르든 간에, 그 순서는 믿음에 대한 회중의 특별한 이해와 증언을 표현할 뿐 아니라 회중과 역사적 전례들 간의 관계도 표현해야 한다. 목회자들이 회중의 특별한 성격을 고려하지 않은 채 임의로 예배 양식을 정함으로써 많은 작은 교회들이 그 피해를 고스란히 당하고 있다. 작은 교회가 큰 교회의 '바른 예배 방식' 모델을 그대로 사용한다면 결과가 끔찍할 수 있다. 잘 맞지 않는 듀엣이 '성가'를 부르고, 세 명으로 구성된 찬양대가 6미터 남짓한 통로를 '행진'해야 한다. 목사는 마치 자신이 30명이 아니라 3천 명을 인도하듯이 멀찍이 서 있다. 대다수가 글 읽는 게 서툰 작은 회중이, 예배 시간 내내 인쇄된 주보를 더듬고 예배용 책자에서 해당 페이지를 찾지 못해 쩔쩔맬 것이다.

이 모두가 작은 교회에는 별 도움이 되지 않는 예배 양식을 선택한 결과다. 예배 인도자가 기본적으로 무감각하고 창의성이 부족하다는 것을 보여 준다. 생각 없이 선택한 낯선 전례 형태와 양식이, 큰 교회에서와 달리 제대로 작동하지 않을 때 회중은 실망하거나 강하게 저항한다. 저항한다는 것은, 이전에 사용했던 예배 양식이 자신들에게 의미 있었다는 뜻이다. 이들은 슬그머니 예배를 뒤로 하고 개인 묵상 또는 다른 어떤 예배를 찾게 될 것이다. 목회자가 "저희 교회 성도들은 예배에 잘 참여하지 않아요!"라고 불평할 때는, 생각 없는 예배 혁신의 결과를 말하는 경우일 때가 많다. 사람들이 예배에 참여하지 않는 것은 그것이 **자신들의** 예배가 아니기 때문이다.

이 말은, 그게 무엇이든 회중에게 익숙한 예배 형식이 언제나 적절한 것이라는 뜻은 아니다. 많은 작은 교회들의 예배가 부적절한 것은, 대부분의 경우 목회자의 관심이 부족하거나, 한 목회자가 여러 교회를 섬기는 까닭에 예배 횟수가 부족하거나, 훈련받지 못한 목회자나 학생 전도사가 교회를 이끌거나, 큰 교회의 예배를 흉내 내다 보니 예배가 산만하기 때문이다.

그러므로 대다수 작은 교회는 자신들의 예배 순서를 세밀하게, 비판적으로 들여다보며 다음과 같이 물어야 한다. "하나님의 가족인 우리가 누구이며, 우리를 이 자리에 불러 모으신 하나님이 누구신지를 더 잘 표현할 수 있도록 우리의 예배를 개선하려면 어떻게 해야 하는가?" 작은 교회 목회자가 물어야 할 질문은 다음과 같은 게 아니다. "내가 이 교회의 예배 양식을 어떻게 바꿔야 교단의 모델에 부합하거나, 역사적으로 훌륭하거나, 미적으로 아름답게 될 수 있을까?" 작은 교회 목회자가 물어야 할 질문은 이것이다. "이 교회의 예배를 통해 이들의 믿음이 더 잘 형성되고 표현되게 하려면, 나의 목회 경험과 역사적 전례에 대한 지식을 어떻게 활용해야 할까?"

최근 예배의 문제점

우리는 많은 작은 교회들의 주일 예배를 살피다 몇 가지 큰 문제점을 발견했다.

첫째, 우리는 헬무트 틸리케Helmut Thielicke, 1908-1986의 말에 동의한다. 전례의 최우선 목적은, 회중이 예배의 행동하는 주체가 되게 하고 이로써 예배에 참여하게 하는 것이다. 그러나 우리의 예배 의식 가운데 더러는 회중을 예배에 참여하게 하기보다 예배에서 이탈하도록 조장하는 것 같다. 작은 교회는 교인들이 교회 생활의 모든 부분에 적극 참여하며, 따라서 교회 재정을 부담하고 돌보는 사역에 참여하는 비율도 높다. 그런데 이런 교회에서 회중이 주일 예배 때 가만히 앉아 목회자의 공연을 지켜보기만 하는 것은 안타깝다.

왜 예배 때 성경을 읽고, 기도하고, 광고하고, 선포하는 일을 목회자 혼자 다 하는가? 설교, 성찬식 기도, 용서 선포, 축도 같은 행위를 목회 행위로 보는 것은 정당하다. 그러나 평신도가 예배에서 훨씬 더 적극적인 역할을 할 수 있다. 이미 많은 작은 교회들에서, 목회자가 없을 때 평신도가 예배를 인도하거나 목회자가 다른 교회를 함께 섬길 때 주일 예배를 인도한 경험이 있다. 모든 그리스도인이 예배 사역에 함께 참여한다는 표시로, 평신도에게 요청하고 평신도를 인정하며 훈련시켜야 한다.

인쇄된 예배 프로그램이나 주보를 사용하는 것은 기독교 예배에서 매우 일반적이다. 그러나 주보가 좋은 것만은 아니다. 주보는 잘 활용되어 모든 회중이 예배에 더 잘 참여하게 도울 때만 좋은 것이다. 예배 내용이나 순서가 전혀 바뀌지 않는다면, 주보가 굳이 필요 없다.

사실 우리가 살펴본 바에 따르면, 주보가 전체 예배에 도움이 되기보다 방해가 되는 경우도 많았다. 주보는 예배자들의 주의를 쉽게 분산시킨다. 예배자들은 인쇄물에 매이게 되고, 예배 인도자와 예배 행위에 집중하기보다 주보에서 눈을 떼지 못한다.

개신교 예배는 더 많은 인쇄물을 사용하지 않더라도 이미 너무 말로 채워지고, 인쇄물에 너무 매이며, 너무 합리적이고 수동적이다. 어느 한 사람이, 서로 만난 적이 없고 무엇을 해야 할지도 모르는 수백 명을 인도한다면 인쇄된 예배 순서지가 이들의 참여를 촉진시키는 데 도움이 될 수 있다. 그러나 공동체 의식과 질서가 몸에 배었으며 예측 가능하면서도 틀에 매이지 않고 서로를 환대하는 삶에 익숙한 가족에게, 이런 인위적 보조 수단은 거의 필요하지 않다. 안타깝게도, 인쇄된 주보는 흔히 지위를 나타내는 상징으로 활용되며, 따라서 큰 교회를 닮고 싶은 작은 교회의 바람을 나타내는 것으로 보인다.

우리는 목회자들에게, 예배 때 '알려 주기bidding'라는 유서 깊은 전통을 고려하라고 권하고 싶다. 부를 찬송가가 몇 장이고, 기도문과 교독문이 몇 페이지에 있는지 회중에게 알려 주라는 것이다. 예배 중에 이렇게 회중에게 알려 주면, 목회자가 주일 예배를 처음부터 끝까지 혼자 끌고 나가고 회중은 주보를 의무적으로 따른다는 생각 대신, 목회자는 예배에서 안내자요 인도자라는 생각이 힘을 얻는다. 목회자가 작은 교회 두셋을 동시에 섬긴다면, 주보가 더욱 더 부적절할 것이다. 특히 같은 주보를 자신이 섬기는 모든 교회에서 사용하고 있다면 말이다. 각각의 교회는 널리 받아들여지는 예배 양식을 고수하면서도 하나의 교회로서 존중받으며, 자신만의 정체성과 뚜렷한 필요를 느껴야 한다.

주일 예배 전례가 힘이 있는 한 가지 이유는 예측가능성, 곧 한결같음이다. 다시 말해, 회중은 예배 때 뒤이어 무엇을 해야 할지 생각할 필요가 없어야 하고, 그럼으로써 만남의 의식에 집중할 수 있다. 예배의 기본 양식을 선택하고 목회자와 회중이 여기에 익숙해질 때까지 변함없이 이 양식을 늘 따르는 데 관해서는 할 말이 많다. 물론 각 예배의 내용이 주일마다 다를 수 있다. 교회력에 따라, 회중의 필요에 따라, 그날의 성경 봉독에 따라, 또는 다른 어떤 변수에 따라서 말이다. 그러나 예배 양식 자체는 안정된 틀로서 그대로 유지되어야 한다. 예를 들면, 주일 예배를 항상 '여는 기도'로 시작할 수 있다. 그러나 이 기도가 사순절에는 죄를 고백하는 기도이거나 부활절 기간에는 감사의 기도일 수 있고, 목회자의 긴 기도일 수도 있으며 평신도의 짧은 기도일 수도 있다. 이처럼 예배의 기본 양식은 변하지 않고 절기에 맞춰 내용만 달라진다면, 예배자들이 예배 중에 예

작은 교회의 설교와 예배

상하고 참여함으로써 편안함을 느끼는 동시에, 틀에 매이지 않고 유연한 작은 교회 예배의 특별한 면도 경험할 수 있을 것이다.

둘째, 우리의 예배는 기본적인 신학 내용이 풍성해져야 한다. 우리 가운데 미국 부흥 전통의 후손들은, 교회에서 예배를 드릴 때 마치 생전 처음 교회에 발걸음한 사람들 같기 일쑤다. 일종의 재탕된, 그러나 안타깝게도 허비된 열정적 감정이 예배의 목표처럼 보인다. 영적 성장을 위한 견실한 자양분을 공급하는 게 아니라 뜨거운 감정이나 죄책감이나 행복감을 촉발하는 데 목적이 있는 것 같다. 회중이 예배에 참여할 여지가 거의 없다. 기도, 성경 읽기, 찬송, 설교에서 신학적 주제들이 거의 제시되지 않는다. 무엇보다도, 성경을 매우 부적절하게 사용한다.

새로운 성서일과표 중 하나를 활용해서(맨 마지막의 '더 읽을 만한 자료들'을 보라) 신약과 구약 **모두를** 더 넓게 다루어 보라. 온전한 예배 순서를 활용하고, 평신도가 참여할 기회를 늘리며, 폭넓고 다양한 예배 표현worship words과 행위를 사용해 보라. 목회자는 목회 기도의 내용, 설교, 교회 절기, 다양한 언어적·비언어적 예배 행위에 세밀하게 주의를 기울이라. 이 모두는 사람들이 온전한 복음을 온전히 전하고 선포하게 함으로써, 자신들에게 필요한 자양분을 공급받고 자신들이 받아 마땅한 도전을 받는 데 도움이 된다.

셋째, 음악 활용은 작은 교회의 큰 장점 중 하나이거나 반대로 가장 큰 약점 중 하나일 수 있다. 어떤 작은 교회들은 한때 전국을 휩쓸었으나 이제는 너무나 진귀한 열정으로 찬양한다. 그러나 너무나 많은 작은 교회들에서, 안타깝게도 성가대는 너무 작고 초라하며, 회중이 부를 수 있는 찬송의 범위도 매우 제한적이다. 사람들은 제대로 훈련받지 못한 반주자가 싸구려 전자 오르간으로 연주하는 형편없는 반주에 맞춰 건성으로 찬송한다. 이것은 작은 교회의 슬픈 현실이다. 우리가 얘기를 나눈 목회자들이 주일 아침 예배와 관련해 안타까움을 가장 많이 토로한 부분이 바로 음악이었다.

다시 말하건대, 문제의 일부는 작은 교회가 큰 교회를 모델로 삼는 경향이다. 기독교 예배의 역사를 보면 알 수 있듯이, 성가대는 전례 음악에 유해할 때가 많았다. 스콜라 칸토룸schola cantorum•부터 수백 명으로 구성된 미국 개신교 성가대까지 회중을 강탈해 왔으며, 예배 음악은 하나님 백성의 노래라기보다 예술 공연으로 전락했다. 작은 교회 목회자는 주일 아침 예배 때 성가대가 없는 것보다 더 안 좋은 게 있음을 기억해야 한다. 그것은 성가대가 회중을 **위해** 노래하는 게 아니라 회중이 노래하도록 **돕는** 것이 자신들의 본분임을 망각하는 것이다. 현대의 예배 갱신이 직면한 가장 어려운 문제 중 하나는 음악을 회중에게 돌려주는 것이다. 작은 교회에서, 사람들은 지금껏 그렇게 해야 했기 때문에 이미 음악의 짐을 지고 있을 것이다. 이 경우, 풀어야 할 과제는 더 감동적인 성가대를 만드는 게 아니다. 한 교회가 어떤 찬양 인도자를 가졌든 간에, 그 사람이 자신을 공연자가 아니라 회중의 인도자요 회중의 찬양을 이끌어내는 자로 보게 하는 것이다.

이러한 회중 음악 문제의 주요 요소 중 하나는 목회자 자신이 음악을 통해 예배에 집중하는 것이다. 목회자가 회중과 함께 뜨겁게 찬양하면, 회중은 대개 목회자의 인도를 따를 것이다. 목회자가 새 찬송을 배우고 가르치길 좋아하면, 대다수 회중은 같은 반응을 보일 것이다. '좋은 옛 찬송들' 중 어떤 것은 음악적·신학적으로 의문이 들 수 있으며, 이

• 중세 시대의 훈련된 교황 합창단. '칸토르(가수)의 학교'라는 뜻으로, 교황 실베스테르 1세(재위 314~335)가 설립하고 교황 그레고리우스 1세(재위 590~604)가 개편하였다. 이들은 서방교회 성가대가 표준화하는 과정에서 큰 영향력을 행사했다.

런 경우 이것들은 회중의 레퍼토리에서 제외해야 한다. 그러나 좋은 옛 찬송들 중에 가장 안 좋은 것이라도 전혀 찬송을 안 부르는 것보다 나을 수도 있다. 찬송에 대한 회중의 참여와 열정이 의심스러운 신학을 보상할 때가 많기 때문이다. 안타깝게도 현대 찬송가에는 예전에 사랑받던 찬송가들처럼 부르기 쉽고 신학적으로도 적절한 찬송이 많지 않다. 새로운 찬송이 나왔을 때는, 절대로 "이건 내가 좋아하는 찬송이니까 당신도 좋아해야 해!"라는 태도를 취해서는 안 된다. "제 생각에 이 찬송이 당신 마음에 들고 당신의 예배 경험도 풍성하게 해 줄 것 같아요"라는 태도를 취해야 한다.

주일 예배 때마다 익숙해질 때까지 부르는 '이 달의 찬송'이 있다. 회중이 모여 좋은 옛 찬송을 부를 뿐 아니라 좋은 새 찬송도 배우는 것이다. 어떤 찬송은 찬양대가 먼저 부른 후 회중이 배운다. 찬송은 예배 전에 적어도 몇 분 연습한 후에 예배 때 회중이 부르게 해야 한다. 우리가 살펴본 어느 교회는, 아침 예배 전 늘 찬송을 부르면서 목사가 다른 교회에서 예배를 마치고 도착하길 기다린다. 이것은 예배를 위해 모이는 좋은 방법일 뿐 아니라 새롭거나 친숙하지 않은 찬송을 익히는 좋은 방법이기도 하다. 교회력에 맞춰, 그날의 성경과 설교에 맞춰, 예배의 전체적 흐름에 맞춰 신중하게 선택된 다양한 찬송들은 예배를 풍성하게 만든다.

　누가 회중 찬송을 인도하거나 반주하느냐는 작은 교회에서 생각보다 큰 문제일 수 있다. 음악적 달란트가 부족하거나, 나이든 존스 부인이 그만 둘 때가 지났는데도 성가대를 인도하거나 피아노 반주를 계속 하는 교회의 경우, 간단한 해결책은 없다. 음악은 매우 개인적인 표현이며, 따라서 사람들은 자신의 달란트와 취향에 꽤 예민한 경향이 있다. 목회자들 역시 자신만의 달란트와 취향이 있으며, 우리는 그 달란트와 취향이 좋길 바란다. 일반적으로, 질 좋은 피아노가 싸구려 오르간보다 낫다. 무반주로 하거나 기타나 오토하프에 맞춰 찬양하는 것이 찬양을 전혀 하지 않는 것보다 낫다. 우리는 이런 경우까지 보았다. 어느 작은 교회였다. 그 교회는 피아노도 없고 피아노를 칠 사람도 없었다. 그래서 이 교회는 카세트테이프를 활용해 회중의 찬양을 돕고 있었다. 작은 교회의 대다수 딜레마처럼, 열쇠는 목회자 자신이 창의성을 발휘해 문제를 해결하는 것이리라. 다시 말해, 큰 교회가 하는 대로 따라하는 게 아니라 작은 교회로서 자신의 믿음을 자신만의 방식으로 표현하는 것이다.

넷째, 목회자들이 예배 계획을 짤 때 고려할 수 있도록 다른 몇몇 어려움도 언급해야겠다. 많은 교회에서, 성경 봉독 시간과 설교 시간 사이에 여전히 납득할 수 없는 큰 간극이 있다. 사람들은 성경적 설교가 주는 기쁨에 새롭게 눈을 떴으며, 이것은 성경 봉독 직후에 곧바로 설교를 시작하는 게 가장 적절하다는 것을 암시한다.

또한 예배 전체에서, 성경 봉독과 찬송과 기도와 시편 낭독과 성가대 찬양과 설교 사이에 연속성이 결여되기 일쑤다. 이러한 비일관성은 예배를 산만하게 만들고 예배자들을 동시에 수십 개의 신학적·정서적 방향으로 흩어 버리는 경향이 있다. 해결책은 더 나은 계획과 목회자와 예배 인도자 사이의 조화다. 일반적으로, 그날의 성경 본문 주제, 또는 전례적 맥락을 중심으로 예배 계획 세우는 것을 권장한다.

한편, 우리가 보았던 대다수 예배 순서에서, 성경과 설교에 반응하거나 이러한 반응을 독려하는 시간이 충분하지 않았다. 이것이 꼭 설교 후에 틀을 갖춘 질문과 답변 시간 talk-back session을 의미하지는 않지만, 작은 교회의 경우 이런 시간을 고려해 보는 것도 좋겠다. 설교와 관련된 질문과 답변은 이미 많은 작은 교회에서, 설령 주일 아침 예배 때는 아니더라도 이루어지고 있을 것이다.

작은 교회의 설교와 예배

그러나 설교가 예배의 맨 끝에 자리하면, 회중의 반응이 신앙 고백이나 봉헌이나 결단이나 기도로 표현될 기회조차 없다. 그러면 사람들은, 기독교 신앙이란 설교를 들은 후 점심 먹으러 집으로 돌아가는 것에 지나지 않는다는 인상을 받는다. 반응과 책임은 복음과 밀접하게 연결된다. 예배에서 성경 봉독과 설교는 충분히 앞부분에 위치해야 한다. 그래야 우리의 찬양, 기도, 봉헌, 세례, 먹고 마심(성찬)을 그저 설교 공연을 위한 예열이 아니라 말씀에 대한 반응으로 볼 수 있기 때문이다.

다섯째, 앞서 반응 문제를 살펴보았지만, 여기서 지적해야 할 게 있다. 큰 교회뿐 아니라 작은 교회 예배에서도 아주 잘못된 부분이 있다. 성례를 매우 소홀하게 취급한다는 것이다. 많은 개신교 예배가, 신학적 내용은 빈약하고 성경적 선포에는 힘이 없으며 회중이 의미 있게 참여할 기회를 충분히 주지 못하고 있다. 또 지나치게 언어적이고 교훈적이며 합리적이고 수동적이다. 이렇게 되는 한 가지 큰 이유는, 성례가 더는 주일 예배에서 자주 시행되지 않는다는 것이다. 이러한 경향은 큰 교회에서도 비극이지만, 작은 교회에서는 배나 큰 비극이다. 이것은 더 큰 문제의 근원일 뿐 아니라 더 큰 가능성의 근원이기도 하다. 다음 두 장에서 이 문제를 자세히 다루겠다.

위대한 신학자 폴 틸리히Paul Tillich, 1886-1965는, 죽기 얼마 전 이렇게 말했다. "20세기 초에 교회는 죄책과 화해라는 핵심 문제를 다뤄야 했던 반면, 20세기 후반에 교회는 의미와 공동체를 찾는 현대인의 문제를 다뤄야 할 것이다." 주일 아침, 작은 교회는 다양한 예배 행위를 통해서 자신과 세상을 향해 신학적 진술을 하는 것이다. 그 진술이란 하나님이 우리를 불러 살게 하신 삶의 의미에 대한 자기 이해다. 그러므로 교회는 예배에 대해 숙고하고, 만남의 의식에서 표현하고 형성하는 의미가 바로 우리가 의도하는 의미가 되게 하며, 이것이 가능한 최선의 방법으로 표현되고 형성되게 해야 할 것이다.

예배는 우리가 하나님과 교제할 때 우리의 공동체를 빚어내는 도구이기도 하다. 우리는 하나님을 만나면서, 또한 서로를 만난다. 교회는, 우리가 이 만남의 의식을 통해 형성하는 공동체가 하나님이 우리에게 요구하시는 그 공동체인지 깊이 생각하고 그런 공동체가 되게 해야 할 것이다. 다시 말해, 이 공동체가 하나님의 공동체, 곧 '하나님을 영화롭게 하고 그분을 영원히 기뻐함'으로써 존재하는 공동체가 되게 해야 할 것이다.

작은 교회의 설교와 예배

5장

주의 만찬: 가족 식사 시간

예수님은 지상 사역이 절정을 향할 때, 어느 집 다락방에서 제자들과 식사를 하셨다. 인간의 가장 평범하고 기본적인 행위, 곧 친구들과 함께하는 단출한 식사를 하심으로써, 자신을 통해 세상에 주신 하나님의 선물을 거룩한 상징으로 바꾸셨다.

이 다락방 식사는 **마지막** 만찬이 아니었다. 복음서는 이 침울한 세족 목요일(부활절 전 목요일)의 식사 후에, 부활하신 그리스도가 몇 차례 식사를 더 하셨다고 말한다. 예수님은 엠마오에서 두 제자와 저녁 식사를 하셨다. "그들과 함께 음식 잡수실 때 … 성경을 풀어 주실 때" 실의에 빠져 있던 두 제자의 눈이 밝아졌다(눅 24:13-35). 또 호숫가에서 아침 식사를 하셨다. 이때 예수님은 베드로, 곧 '반석' 위에 자신의 교회를 세우겠다고 하셨고, 베드로에게 "내 양을 먹이라"고 하셨다(요 21:17b). 이후, 거칠고 요란했던 교회의 생일, 곧 오순절에, 약속된 성령이 임하여 장애물이 제거되었는데 이것은 "떡을 떼며 오로지 기도하기를" 힘쓰고 "기쁨과 순전한 마음으로 음식을" 먹는 데서 절정에 이르렀다(행

2:42, 46). 이것도 식사 시간 이야기의 끝이 아니다. 오순절부터, 초대교회는 주일에 모일 때마다 바울이 '주의 만찬'이라 부른 것을 나누었다(고전 11:20). 그리스도의 이름으로 그분 앞에서 함께하는 식사가, 그리스도인들이 주일마다 하는 일이 되었다.

초대교회가 보인 본

유스티누스Justin, 110-165가 자신의 저서 《변증서Apology》(I. 67)에서 주후 150년 경 자신이 속한 로마 작은 교회의 주일 예배를 묘사했던 글을 보자.

일요일이라 불리는 날에, 도시나 시골에 사는 모든 사람이 한 곳에 모인다. 사도들의 회고록이나 선지자들의 글을 시간이 되는 한 오래 낭독한다. 낭독이 끝나면, 인도자가 사람들을 가르치고 훈계하며 이러한 덕스러운 행위를 본받아 실천하라고 권면한다. 그런 후, 우리는 모두 일어나 기도한다. 앞서 언급했듯이, 기도가 끝나면, 빵과 희석한 포도주가 나온다. 그러면 인도자가 정성을 다해 감사 기도를 하며, 사람들이 아멘으로 화답한다. '감사 기도를 드린eucharistized'(축사한) 빵과 포도주가 분배되고 각자 이 것을 받는다. 참석하지 못한 사람들에게는 집사들을 통해 빵과 포도주를 보낸다. 부유한 자들은, 자신이 원하면, 자 신이 적절하다고 여기는 것을 드리며, 이렇게 드려진 것 은 인도자에게 맡겨진다. 그러면 그는 이것으로 고아들 과 과부들, 질병이나 여러 이유 때문에 궁핍한 자들, 갇 힌 자들, 우리 가운데 체류하는 나그네들을 돌본다. 간단 히 말해, 그는 도움이 필요한 모든 사람의 목자다. [Bard Thompson, ed. *Liturgies of the Western Church* (Cleveland: World; Meridian Books, 1962).]

유스티누스가 묘사하는 것은 기쁨이 넘치는 공동 식사, 곧 성찬 행위eucharistic act다. 이 단어eucharistic는 '감사하다'는 뜻을 가진 그리스어 *eucharistein*에서 파생했다. 이 성찬 자리에서 하나님의 가족이 함께 모여 하나님의 선물을 기 념하고 받으며 건넨다.

오늘날 작은 교회가 주일에 모여 주의 만찬, 즉 성만찬이 나 성찬식을 행하는 것은 기독교 신앙의 가장 오래되고, 가 장 규범적이며, 가장 보편적인 표현에 가깝다. 다시 말해,

그리스도인들은 주일에 주님의 식탁에 가족처럼 모인다.

작은 교회에서 행하는 주의 만찬을 생각할 때, 두 가지를 염두에 두어야 한다. 첫째, 개신교와 로마 가톨릭 양쪽 다 지난 몇 년간 전례를 연구하면서 초대교회, 곧 유스티누스가 묘사한 첫 300년 동안의 교회 예배에 초점을 맞췄는데, 이 시기의 전례와 신학과 의식이 비생산적이며 잘못 알려진 과거 논쟁들의 딜레마를 뛰어넘는 데 특히 도움이 된다는 것을 발견했다. 이전에는 우리가 물려받은 많은 의식들과 성례 신학들이, 부적절하고 비성경적이며 중세 가톨릭 교회의 편협한 전례 이해나 종교개혁 이후 논쟁의 일방적 시각에 갇혀 있다는 평가를 받았었다.

우리는 지난 400여 년 간 벌어진 싸움들을 뛰어넘어 초대교회의 성례를 다시 살핌으로써 성찬을 새롭게 이해하게 되었으며, 작은 교회 예배 인도자들은 이런 이해를 간과해서는 안 된다. 현대의 수정된 전례는 초기 그리스도인들에게서 비롯되었다. 새로운 전례들을 내놓은 몇몇 그룹들, 곧 성공회, 루터교, 로마 가톨릭, 연합감리교의 새로운 성찬식은 교부들의 자료에 큰 영향을 받았다. 간단히 말해, 이 새로운 성찬 예식들은 교회가 커지고 성공하고 존중받기 이전의 전례를, 교회 예배가 화려하고 극적이며 호화로워지

작은 교회의 설교와 예배

기 이전의 전례를, 주일 예배가 고립되고 수동적인 개인들의 모임을 위한 설교자와 성가대의 공연으로 전락하기 이전의 전례를 따른다는 것을 보여 준다. 현대의 예배 갱신이 나아갈 방향을 제시하는 것은 그때도 여전히 가족이었고 가족 식탁에 모여 가족 식사를 했던 교회다.

둘째, 작은 교회에서 행하는 주의 만찬을 생각할 때, 작은 교회의 특성, 곧 작은 교회의 장점과 단점, 목표와 필요를 늘 염두에 두어야 한다. 작은 교회들 중에도 목회자가 제대로 훈련받지 못해 성찬식을 제대로 행하지 못하는 곳이 있다. 이를테면, 목회자가 아직 성례를 시행할 자격을 갖추지 못한 신학생이거나, 주일마다 여러 교회를 순회하는 까닭에 성찬식이 번거롭다고 보는 경우가 여기에 속한다. 그러나 대다수 작은 교회는 타고난 특징들 때문에 성찬 갱신에 있어서 최우선적인 고려 대상이 될 수 있다.

대다수 작은 교회는 '조직체'로서 분명한 단점이 있지만, 거의 모두 믿을 수 있는 가족이다. 작은 교회는 가족적인 활동을 좋아한다. 작은 교회는 상황에 가족처럼 반응한다. 작은 교회는 교제, 함께함, 하나 됨에 높은 가치를 둔다. 설령, 여느 가정처럼, 이런 가치가 현실이라기보다 목표일 때가 많더라도 말이다. 예배실의 빈자리는 식탁의 빈자리와 거의 같은 의미를 갖는다. 가족은 불완전하다고 느낀다. 작은 교회에서는 흔히 일련의 축하가 생활의 리듬을 결정한다. 교회 가족은 기념할 일이나 중요한 행사를 통해 자기 삶에서 의미 있는 일에 함께하며, 자신의 공통된 정체성을 확인한다. 예외 없이, 이러한 가족 같은 축하에 식사가 빠질 수 없다. 단단한 작은 교회가 얼마나 자주, 어떤 의미를 담아 식사를 함께 하는지 생각해 본 적 있는가? 작은 교회에서 행하는 주의 만찬을 생각할 때는, 이 부분을 절대 놓치지 말아야 한다.

주의 만찬과 관련된 핵심 주제들

'주의 만찬'의 역사와 신학과 실행에 관한 연구에서는, 네 개의 핵심 주제가 두드러졌다. 이 주제들은 개신교 학자들과 로마 가톨릭 학자들 양쪽 모두에게 놀랍도록 폭넓은 지지를 받았으며, 작은 교회에서 행하는 주의 만찬과 관련이 있다.

첫째, 온전한 말씀과 식탁이 주일 아침 예배의 규범이다. 주의 만찬을 교회 예배의 하이라이트로 회복시켜 자주 시행해야 한다.

둘째, 주의 만찬은 단순히 수수한 다락방 식사를 재현하는 게 아니라 그리스도의 구원 사역 전체, 곧 그분의 탄생과 삶과 수난과 죽음과 부활과 승천과 현재적 다스림에 초점을 맞춰야 한다. 주의 만찬은 죽은 친구를 위한 추도식이 아니다. 주의 만찬은, 부활하셨고 다스리시는 주님을 위한 기쁨이 넘치는 승천 축하 행사다.

셋째, 주의 만찬은 교회가 그리스도의 몸으로서 하나라는 상징이다. 주의 만찬의 목적은, 개인주의적·자기중심적인 것이거나 자신의 내면을 들여다보며 깊이 뉘우치는 것이 아니다. 공동체로서 그리스도와 교제하고 서로 교제하는 기쁨을 누리는 것이다. 주일은 공동체이자 공동체의 날이다. 혼자서 하나님을 만나는 일은 다른 요일에 이루어질 수 있을 것이다.

넷째, 주의 만찬의 중심에 식사가 있다. 실제 빵과 포도주가 충분히 제공되고 축성되는 식사가 회복되면, 그리스도의 이름으로 먹고 마시는 행위에 내포된 풍성한 상징이 회복된다.

주의 만찬에 관한 기본 원리를 살펴보았으니, 이제 이 원리가 교회 예배에서 어떤 실제적 의미를 갖는지 살펴볼 차례다.

첫째, 개신교인들은 성찬을 제자리로 회복시켜 교회 예배에서 중요한 위치에 두어야 한다. 분기마다 행하는 성찬으로는 절대 부족하다. 예배 중에 성찬을 자주 행하지 않으면, 대개 성찬에 무관심해지고 성찬을 오해하게 된다. 성찬을 자주 행하지 않으면, 누군가의 주장처럼 성찬이 '특별한 것'과는 거리가 멀어지며, 나아가 회중은 성찬을 기이하고 색다르며 선택적인 것, 짐스러우면서 없어도 그만인 것으로 여기게 된다. 성경적으로, 역사적으로, 신학적으로, 성찬이 **빠진** 주일 예배는 이상하다.

칼뱅과 루터 같은 종교개혁자들은 말씀과 성례가 밀접하게 연결되어 있음을 알았다. 기도, 성경 봉독, 설교는 믿음의 선포다. 성찬에서 빵과 포도주를 내놓고 감사 기도를 하고 떼어 나누는 일은 믿음의 실행이다. 말씀은 선포되는 데 그쳐서는 안 된다. 실행되어야 한다. 말씀은 단지 말이 아니라, 실행되고 만져지며 눈에 보이는 상징으로 우리에게 온다. 우리의 말이 예배를 적실하고 동시대적이며 특별하게 만든다. 성례는 예배를 영원하고 초월적이며 보편적이게 한다. 또 '모든 시대와 장소에서' 자신과 자신의 예물을 하나님께 드리게 하고, 이로써 하나님이 자신과 자신의 예물을 변화시키시는 것을 본 모든 이들과 하나 되게 한다.

주의 만찬을 소홀히 여기는 교회들에서, 교인들이 잦은 성찬에 익숙해지려면 장기적인 재교육이 필요할 것이다. 이러한 재교육을 위한 가장 좋은 방법은 성찬을 잘 계획해서 열심히 자주 시행하는 것이다. 성례가 어떤 의미를 갖는다면, 그 의미가 참여자들에게 확실하게 드러나야 한다. 주의 만찬이 갖는 의미가 분명하게 드러나지 않는 한 가지 이유는, 우리가 지금껏 주의 만찬을 아주 빈약하게 시행해 왔기 때문이다. 함께 먹는다는 게 무슨 뜻인지 누구나 다 안다. 그러므로 그리스도 앞에서 함께 먹음의 의미가 분명해야 한다. 우리가 성찬을 행하는 방식에서 기쁨의 공동식사를 하고 있다는 사실이 그 누구에게도 분명하게 드러나지 않는다면, 우리의 성찬은 이미 그 의미를 상실한 것이다.

교회, 특히 작은 교회는 무엇이든 목회자가 열심을 내는 대상에 열심을 낸다. 물론 그 목회자가 **자신들의** 목회자라고 확신한다면 말이다. 이들은 어떤 일에 열심을 내는 목회자, 또는 어떤 일이 마땅히 어떠해야 한다는 비전이 있는 목회자를 둔 것만으로 행복할 것이다. 목회자가 성찬을 '그저 성가실 뿐이지만, 어쨌거나 해야 하는 것'이란 태도로 대한다면, 교인들은 틀림없이 거부감과 지루함과 무관심으로 성찬을 대하게 될 것이다. 그러나 목회자가 성찬을 "이건 제게 특별한 시간이며, 제가 간절히 기다렸던 시간, 곧 여러분 모두와 매우 특별하고 친밀하게 함께하는 귀한 시간입니다"라는 태도로 대한다면, 교인들이 성찬을 따분하게 여기지 않을 것이다. 목회자들은 예배를 인도할 때마다 회중을 교육하고 있음을 절대 잊지 말아야 한다. 사실, 작은 교회에서 예배는 주된 교육 시간이다. 목회자들은 예배를 인도할 때, 자신이 진정으로 가르치려는 것을 가르쳐야 한다.

모든 예배 혁신이 그렇듯이, 특별한 예배 때 회중이 조금 다르거나 특별한 것을 기대하며 변화에 좀 더 관대하다면, 성찬을 대하는 새로운 태도를 가르치는 것이 도움이 되곤 한다. 많은 목회자가 다음과 같이 말한다. 자신들은 회중에게 '평화Peace'• 인사 또는 공용 잔common cup 같은 새로운, 그러나 사실은 매우 오래된 예배 의식들을 성탄 전야나 부활주일 성찬 때 소개함으로써 이런 의식들을 이들에게 '팔' 수 있다고 말한다. 목회자는 전체 교인의 바람과 감

• 성찬식을 시작할 때 서로 화해한다는 의미에서 하는 의식, 곧 Kiss of Peace를 가리킨다.

정을 존중해야 할 의무가 있지만, 새로운 예배 의식을 도입할 때 교인 전체의 일치된 의견을 끌어낼 필요는 없으며 일종의 유효한 합의를 도출하면 된다. 때로 사람들은 무엇인가를 실제로 한동안 경험하기 전에는 자신이 그것을 좋아하는지 또는 좋아하지 않는지 알지 못한다. 어느 목회자의 이야기를 들어 보라. 그가 섬기는 교회의 운영위원회(당회)는 주의 만찬을 매달 시행하길 주저했다. 그는 설득하기 시작했고, 이들은 주의 만찬을 6개월만 매달 시행해 본 후 평가하자는 그의 제안에 동의했다. 평가할 시점이 되었을 때, 그는 운영위원회의 의견을 물었고 다음과 같은 이들의 답변에 깜짝 놀랐다. "저희는 매달 성찬식을 시행해 왔습니다. 저희 교회의 전통입니다."

목회자가 성찬을 회복하려 할 때, 교인들과 의논하고 이들이 더 잦은 성찬을 반대하는 이유를 알아내는 게 도움이 된다. 다음은 자주 제기되는 반대 이유다.

1. "시간이 너무 많이 걸립니다." 성찬이 길고 지루해서는 안 된다. 해결책은 주로 단순하고 기계적이다. 성찬식에 걸리는 시간은 사실 작은 교회보다 큰 교회의 문제다. 그렇지만 예배를 계획하는 사람들은 빵과 포도주를 최대한

효율적이면서도 다급하지 않게 나눌 수 있도록 신경 써야 한다. 성찬 참여자들은 서두를 필요가 없을 뿐 아니라 군대처럼 정확하게 성찬대로 나갔다가 자리로 돌아올 필요도 없다. 이것은 무장한 군대의 퍼레이드가 아니라 식사다. 성찬을 길어지게 하고 성찬의 흐름을 끊는 '식탁 축복table dismissals'•의 반복은 배제하고, 공용 잔을 사용하며, 사람들이 스스로 판단해 성찬의 식탁에 나가고 들어오면, 성찬의 흐름이 매끄러워질 뿐 아니라 성찬의 공동체적 성격도 강화될 것이다.

2. "저는 온전한 설교를 좋아합니다. 그런데 성찬을 행하는 주일이면, 목사님이 설교를 하더라도 짧게 하세요." 성찬 예식에서 절대로 설교를 빼서는 안 된다. 말씀 선포와 성찬은 떼려야 뗄 수 없는 관계. 많은 개신교인이 성찬을 더 자주 행하는 데 반대하는 이유는, 목회자가 설교의 짐을 더는 기회로 성찬을 활용한다고 의심하기 때문이다. 주의 만찬은 구체적이고 생생하며 상황에 맞는 설교를 할 수

• 빵과 포도주를 주며 축복문을 말하는 것. 예를 들면, "우리 주 예수 그리스도의 살과 피가 형제/자매에게 힘이 되고 형제/자매가 하나님의 은혜 안에 거하게 하기를"이라고 말한다.

작은 교회의 설교와 예배

있는 아주 좋은 기회다. 성찬 설교를 통해 목회자는 성찬의 의미를 가르칠 수 있다. 성찬 설교는 짧을 수도 있고 대체로 짧아야 하지만, 그럼에도 온전한 설교여야 한다. 이 식사는 은혜가 넘치며 목회적 성격이 있다. 그러므로 설교자는 가장 '선지자적인' 설교를 자유롭게 할 수 있다. 주의 만찬은, 판단자로서 강단에 있던 사람이 성찬의 식탁에서 먹이고 또 먹임을 받는 자가 된다는 사실을 회중에게 일깨우기 때문이다. 목회자가 강단에서 식탁으로 옮겨갈 때, 사람들은 **모든 사람이 다** 주린 죄인이며, 모두 다 여기서 구할 수 있는 은혜를 의지할 수밖에 없음을 기억한다.

3. "성찬식이 너무 슬퍼 보이기만 해요. 저는 다른 예배들에서 얻는 기쁨이 좋아요. 그러니 성찬식은 세족 목요일에만 했으면 좋겠어요." 사람들이 성찬 주일을 자주 피하는 이유 중 하나는, 장례식 분위기 같은 성찬식이 복음에 부합하지 않는다고 직관적으로 의심하기 때문이다. 구슬픈 찬송가, 회개기도, 무릎 꿇는 사람들, 어두운 오르간 반주, 슬프고 '긴장한' 예배자들, 이 모두가 복음을 전혀 닮지 않은 것 같다. 앞서 말했듯이, 주의 만찬은 단순히 최후의 만찬을 되풀이하는 게 아니다. 주의 만찬에서, 우리는 그리스도의 고난과 죽음뿐만 아니라 하나님이 그리스도 안에서 행

하신 모든 구원 사역을 기념한다. 우리가 성찬과 관련해 물려받은 의식들 중에는 비성경적인 것도 있고, 그리스도의 부활과 다스림은 언급하지 않은 채 그리스도의 고난과 죽음에만 초점을 맞춰 신학적으로 한계를 갖고 있기도 하다.

우리는 마치 가장 가까운 친구가 죽은 것처럼 성찬 식탁에 나아가기 일쑤다. 그러나 복음은 우리의 가장 가까운 친구가 죽지 않았다고 말한다. 그분은 지금 우리 가운데 계신다. 기쁜 음악을 연주해야 하고, 흥겨운 찬송을 불러야 하며, 밝은 축제 분위기여야 한다. 단지 파티를 구경할 게 아니라 파티에 참여해야 한다. 새로운 성찬식 방법들 중 하나를 사용하고, 모두 일어서서 기도하며 성찬을 행하고, 모두가 기쁘고 편안한 마음으로 성찬에 참여하도록 독려해야 한다. 군인 같은 안내자들에게는 자애로운 태도로 사람들을 만찬에 초대하는 법을 가르쳐야 한다.

그렇게 한다면 성찬은 진정한 감사로서, 부활하고 승리하신 주님과 함께 하는 진정한 식사로서 그 의미가 크게 회복될 것이다. 당신의 교회에서 행해지는 성찬의 분위기와 내용이 적절한지 판단하는 좋은 방법은 이렇게 묻는 것이다. "우리의 성찬이 부활절과 오순절과 성탄절에 적합한가?" 그렇지 못하다면, 당신의 교회는 성찬이 진정한 '성

작은 교회의 설교와 예배

찬'이 되게 해야 한다.

앞서 말했듯이 성찬을 회복할 때 얻는 기쁨 중 하나는, 공동체가 그리스도와 나누는 교제, 그리고 그리스도의 몸을 이루는 지체들과 나누는 교제를 다시 중심의 자리에 돌려놓는 데서 온다. 바울이 찢기고 분열된 고린도 교회를 향해 "너희가 함께 모여서 주의 만찬을 먹을 수 없으니…주의 몸을 분별하지 못하고"라고 한 것은, 주의 만찬의 이러한 면을 강조한 것이다(고전 11:20, 29). 여기서 '몸'은 성찬 식탁에 둘러앉은 신자들로 구성된 몸을 가리킨다.

개인적이고 내향적이며 자기중심적인 예배는 주일에 맞지 않다. 주일은 우리가 몸 안의 삶을 함께 기억하는 날이기 때문이다. 주일은 우리의 단단한 개인주의에서 벗어나 공동체로, 가족으로 변화되는 시간이다. 바울의 표현을 빌리자면, "떡이 하나요 많은 우리가 한 몸이니 이는 우리가 다 한 떡에 참여함이라"(고전 10:17). 주의 만찬에서든, 팟럭 저녁 파티에서든, 먹는 행위 자체는 사람들을 하나 되게 한다. 하나 된 교회에서, 성찬은 하나 됨을 더욱 강화한다. 분열된 교회에서, 성찬은 분열을 극복하자는 초대이자 분열을 극복하는 수단이 된다. 함께 식사하는 가족처럼, 함께 먹는 교회들이 하나 됨을 잘 유지하는 경우를 우리는 많이 보았다. 예수님이 우리에게 그분의 이름으로 자주 함께 식사하라고 명하신 것을 보면, 이것을 알고 계셨던 게 분명하다.

작은 개인용 성찬 컵이나 잔은, 공동 식사의 상징에 역행하는 느낌을 줄 뿐 아니라 회중을 하나 된 공동체로 유지하기보다 독립된 참여자들의 덩어리로 만드는 경향이 있다. 공용 잔이 상징하는 것은 자명하며 성경에 근거한다. 납작하고 아무 맛이 없으며 압축된 제병^{祭餠} 하나하나는, 하나 된 몸을 상징하기보다 찢긴 그리스도의 몸을 상징한다. 이런 것들이 차이를 낳는다. 지금 하려는 게 식사라는 사실을 모두에게 분명히 해야 한다. 그 의미가 모든 식사와 연결되며, 따라서 신비롭고 심오한 것을 암시하는 식사라는 사실 말이다. 이것은 특별한 의미를 가진 식사다. 왜냐하면 이것은 믿음 공동체가 우리 삶의 이야기와 함께하는 정황에서, 우리의 공통된 필요와 가치라는 맥락에서, 우리의 주님이요 구주이신 분 앞에서 하는 식사이기 때문이다. 각각 따로 노는 이들이 모인 그룹이 아니라 한 가족이 모인 자리라는 사실이, 우리를 보는 모두에게 분명해야 한다. 이렇게 성찬을 행한다면, 작은 교회 목회자는 교인들에게 왜 이 식사가 우리 믿음의 중심인지 설명해야 할 것이다.

작은 교회의 설교와 예배

온전한 말씀과 성찬이 함께하는 예배를 회복해 더 자주 드려야 하는 까닭은 본질적으로 목회와 연관이 있다. 이러한 회복이 필요한, 훌륭하고 논박할 수 없으며 성경적이고 역사적이며 신학적인 이유들이 있다. 그러나 가장 큰 이유는 교인들의 예배 생활을 풍성하게 하려는 목회자의 바람이다. 목회자들은 익숙한 예배 양식을 과감하게 바꿀 때 더없이 신중하고 섬세하게 진행해야 한다. 그들이 이러한 변화를 추진하는 것은 회중에게 복이 되리라 확신하기 때문이다. 예배를 혁신하려는 다른 동기는 모두 의심스럽다.

특별히 작은 교회에서 목회자들이 성찬을 더 자주 행하려는 것은, 교인들이 성찬에서 맛볼 수 있는 감성과 친밀함과 기쁨과 가족적인 교제를 바라고 또 누린다고 확신하기 때문이다. 성찬 회복은 보기만큼 어렵지 않다. 작은 교회에서는. 피크닉이나 팟럭 파티에서 함께 먹는 게 얼마나 즐거운지 교인들이 이미 안다. 그러니 이들이 함께 하는 식사에서 그리스도의 임재를 확인하고 맛보는 것은 얼마나 더 좋겠는가!

이들은 공통된 이야기를 기억하는 기쁨을 이미 알고, 공통된 정체성을 재확인하고 기리는 기쁨을 이미 안다. 또 사랑하는 목회자에게 양육 받고 먹여지는 기쁨을 알고, 한 사람을 초대해서 자신들의 일부로 받아들이고 사랑하고 먹이는 가정의 구성원들이 누리는 기쁨을 이미 안다. 그러니 그리스도의 이름으로 이 모든 일을 한다면 얼마나 더 좋겠는가!

이 모든 자질을 갖췄기에, 작은 교회가 성찬을 예배의 중심으로 회복하는 것은 어렵지 않다. 솔직히, 큰 교회에서 성찬은 아주 어렵고 큰 '일'이다. 큰 교회는 진정한 성찬을 행할 준비가 되어 있는 경우가 드물며, 식탁 교제가 평범하지 않은 행사이기 십상이다. 작은 교회는 다르다. 친교실에서 열리는 팟럭 파티와 예배실에서 행하는 주의 만찬이 크게 다르지 않다. 진정한 예배 갱신은 가족 같은 교회에서 일어날 것이며, 큰 교회들이 이 신선한 새 포도주를 맛보기 훨씬 전에 그렇게 될 것이다.

이 장을 시작할 때 2세기의 작은 교회 예배를 얘기했다. 이제 20세기의 작은 교회 예배를 이야기하면서 이 장을 끝맺겠다.

나는 어느 작은 시골 교회의 '홈커밍' 주일 예배에 참석했다. 나의 제자가 섬기는 교회였다. 이 홈커밍 주일에, 그곳을 떠나 살던 사람들이 찾아왔고, 교회 묘지를 손보고 다

작은 교회의 설교와 예배

듣었으며, 지난 한 해 동안 세상을 떠난 사람들을 확인했다. 그리고 교회 뜰에서 각자 준비해 온 음식으로 성대한 파티가 열렸다.

젊은 목사 죠는 관례대로 강사를 초청했다. 그는 예배 때 주의 만찬도 시행하자고 당회에 건의했다. 죠가 이 교회에 부임한 후, 교회는 적어도 한 달에 한 번씩 성찬을 행하는 데 익숙해져 있었지만, 몇몇 당회원은 방문자들이 많을 거라 예상했고, 늘 '설교를 듣고 집에 돌아가 점심을 먹는 것'에 익숙했기에 주저했다. 상당한 논의가 오간 후, 죠는 이들을 설득했고 한번 해보자는 합의를 이끌어 냈다 (이것은 이들의 논의에서 일상적인 결과였다. 이들은 죠를 좋아했고, 대개 죠가 새로운 생각을 실행에 옮기는 것을 기꺼이 허락했다.)

주일 예배 때, 죠는 만성절All Saints's Day이나 성도의 교제(성찬)라는 주제를 중심으로 예배드리는 날 사용할 수 있도록 교단에서 디자인한 새로운 성찬 예배 의식을 행했다. 홈커밍 예배에 적절해 보였다.

작은 예배당이 꽉 들어찼고, 기대감이 고조되었다. 평소보다 큰 회중이 부르는 찬송은 기쁨에 찼고 힘이 넘쳤으며 듣기에도 좋았다. 대다수 찬송이 교회, 교회의 전통, 교회의 사명에 관한 것이었다. 봉독된 성경 본문은 마태 복음으로, 예수님이 제자들을 부르시는 장면이었다. 설교자는 제자의 의무를 역설했고, 앞선 제자들에게서 우리가 물려받은 유산을 말했다. 그는 다양한 종류의 사람들, 다양한 장점과 단점을 가진 사람들이 그 교회의 성찬대를 거쳐 갔다고 하면서, 그날 그곳에 모인 우리와 과거에 그곳에서 성찬에 참여했던 사람들을 연결했다.

설교 후 곧바로, 목사는 회중을 중보기도로 이끌었다(이보다 앞서, 이들은 몇 가지 필요에 대해 특별 기도를 요청했다). 기도가 끝난 후, 평신도 지도자가 지난 한 해 세상을 떠난 성도들의 이름을 낭독했다. 감정에 복받친 사람들이 보였다. 울컥하는 순간이었다. 예물을 드리기 직전에 오간 '평화' 인사는 회중이 느끼는 하나 됨과 감정의 완전한 표현이었고, 성찬에 적합한 전주곡이었다. 많은 사람이 손을 맞잡았을 뿐 아니라 서로 포옹했다. 이 의식은 이들이 예배 내내 느낀 것을 눈에 보이는 형태로 표현했을 뿐이었다. 봉헌 때, 젊은 부부가 빵과 포도주를 들고 앞으로 나갔다. 여자는 빵 한 덩어리를 들고 나갔다. 집에서 손수 만든 빵이 분명했다. 남자는 포도주가 담긴 큰 잔pitcher을 들고 나갔다. 목사는 봉헌물(빵과 포도주)을 받은 후, 오래되어 낡고 닳았으며 큰 사랑을 받아 온 성배聖杯에 포도주를

작은 교회의 설교와 예배

부었다.

　뒤이어 목사는 특별한 감사 기도, 곧 성도의 교제에 초점을 맞춘 성찬 기도로 사람들을 이끌었다. "주님의 식탁으로 나오십시오." 사람들을 성찬으로 초대했다. 사람들이 앞으로 나갈 때, 작은 성가대가 〈환난과 핍박 중에도Faith of Our Fathers〉, 〈교회의 참된 터는The Church's One Foundation〉, 〈주 믿는 형제들Blest Be the Tie That Binds〉을 비롯해 그날의 주제에 맞으면서 성도들에게 사랑받아 온 옛 찬송들을 부르며 회중을 이끌었다. 목사는 사람들에게 자원해서 앞으로 나오고, 원하면 성찬대 앞에 무릎을 꿇어도 되며, 빵과 포도주를 받길 원하면 손을 내밀라고 했다. 사람들은 자신이 원할 때 앞으로 나가고 자신이 원하는 만큼 그곳에 머무를 수 있는 자유를 반기는 것으로 보였다.

　이렇게 편안하고 자유로운 방식으로도, 그곳에 모인 50-60명이 성찬에 참여하는 데 6-8분밖에 걸리지 않았다. 목사는 각 사람의 손에 빵을 큼지막하게 떼어 주고, 그 사람의 눈을 보고 이름을 부르며 이렇게 말했다. "존, 당신을 위해 찢긴 그리스도의 몸입니다." "매리, 당신을 위해 찢긴…" 옆에 선 평신도 지도자도 포도주 잔을 들고 정성껏 섬겼다. 목사가 사람들에게 빵을 건넬 때, 많은 사람이 목사의 손을 잡았다. 목사와 사람들의 관계가 어떠한지 분명히 알 수 있었다.

예배는 한 시간이 채 걸리지 않아 끝났다. 목사는 자신과 평신도 지도자가 그날 오후에 나이가 가장 많은 성도집으로 직접 찾아가 성찬을 행할 거라고 했으며, 혹시 집에서 성찬을 받아야 하는 사람들이 더 있는지 물었다. 마지막으로 온 회중이 자리에서 일어나 짧은 찬송가를 불렀고, 목사가 축도를 했다.

우리가 예배실을 나오는데, 나이 지긋한 부인이 내게 말했다. "이것이 저희 교회의 성찬식이랍니다. 저희는 여러 감정이 교차하는 기쁘고 따뜻한 예배가 늘 익숙했었지요. 죠 목사님이 오신 후, 되살아났어요. 목사님이 저희가 어떤 교회인지 알고 또 그런 교회가 되게 해 주셔서 얼마나 기쁜지 모르겠어요. 자, 식사하러 가시죠." 우리는 교회를 나와 참나무 숲으로 향했다. 그곳에서 홈커밍 식사가 펼쳐질 참이었다.

작은 교회의 설교와 예배

6장
세례: 가족이 되다

누구도 스스로 선택해 가족 구성원이 될 수는 없다. 가족 구성원이 되려면 입양되어야 한다. 가족이 그를 선택하고 받아들여야 한다. 이 책에서, 우리는 작은 교회를 가족에 비유했으며, 작은 교회의 긴장과 한계와 기회가 여느 가족과 비슷하다고 했다. 작은 교회 새신자들은, 때로 교회가 폐쇄적이고 차가우며 배타적이고 새로운 구성원에게 문 열기를 꺼린다는 인상을 받는다. 그 한 이유는 작은 교회가 가족처럼 움직이기 때문이다. 마치 어느 단체에 들어가듯, 자신이 결정하고 입회카드에 서명함으로써 가족에 '가입' 할 수는 없다. 입양되어야 한다.

작은 교회 구성원이 되려 할 때 따르는 위험 중 하나가, 작은 교회는 새 사람을 가족의 삶에 받아들이길 꺼리며, 따라서 이러한 태도의 희생자가 될 수도 있다는 것이다. 구성원이 되는 기쁨 중 하나는, 사랑으로 돌보고 양육하는 가족의 일원으로 입양되고 주장될 가능성이다. 작은 교회가 역동적일 때, 입양 가능성은 끊임없이 반복되는 현실이다. 세례는 이러한 입양 과정의 일부이며, 이 과정을 통해 작은 교회는 새 구성원이 자신의 일부(식구)가 되었다고 주장하는 것이다.

비인격적이고 서로 이름도 모르며 한 곳에 뿌리내리지 못하는 오늘날 세상에서, 대다수 작은 교회들은 사람들이 소속될 곳을 찾도록 돕는 데 전문가다. 작은 교회에서는 모두 이름이 있다. 때로 별명도 있다. 다시 말해, 교회의 삶에서 모두 각자의 자리가 있으며, 주일 아침 예배 때도 자기 자리가 있고, 교회에서 자신이 수행할 일이 있다. 개개인의 정체성이 드러나고 확인되며 지속적으로 재확인된다. 그들은 새로운 목회자에게 '자신들이 어떤 교회인지' 세심하게 알릴 것이다. 교회 정체성을 침해하거나 바꾸려는 시도는 지적되고 질책 받을 것이다. 그런 시도를 하는 사람은 "우리는 그런 교회가 아니에요!"라는 말을 들을 것이다.

작은 교회는 구성원을 가족처럼 보살핀다. 예를 들면, 작은 교회는 아이들을 잘 양육한다. 아이들과 젊은이가 많지 않은 작은 교회는, 그들을 더욱 세심하게 돌본다. 예배 때 작은 발자국 소리와 어린 목소리가 들리지 않는 날이 거의 없을 것이다. 어린아이들이 꼼지락대고 이따금 소리 지르며 예배실을 휘젓고 다니기 때문이다. 이렇게 어린아이들이 예배실 통로를 오가면, 누군가 아이의 주의를 다른 데로 돌릴 방도를 찾는다. 할머니, 할아버지들은 늘 충분하다. 모든 젊은 엄마에게는 아이들을 잘 다독이고 도와 줄 사람이 있다. 작은 교회는 예배 시간에 아이들을 따로 돌보는 데 관심이 없는 경향이 있다. 그런 수고를 들일 만큼 아이들이 많지 않아서가 아니다. 온 가족이, 어린아이부터 노인까지, 함께 모여 하나님을 찬양하길 원하기 때문이다. 작은 교회는 어린아이들을 구성원으로 여기고, 사랑하며 지켜보고 훈련하며 돌본다. 어린아이들은 자란 후에 "예배 시간에 네가 조용히 하도록 내가 널 돌봐야 했지!"라며 과거를 회상하는 어른들 이야기를 들을 것이다. 작은 교회의 자라나는 아이들 주변에는, 가족의 일원이라는 인식을 강하게 심어 주는 사람들이 늘 있다.

이 모든 특징은 작은 교회가 기독교 신앙을 규명하고 시작하는 성례, 곧 세례를 시행할 때 긍정적으로 작용한다.

세례 때, 하나님은 물을 통해 일하시면서 가족을 확대하시고, 이들이 십자가에 달려 죽은 후 부활하신 주님과 하나 됨으로써 구속받게 하신다. 세례는 하나님과 하나님의 가족이 우리를 입양하는 것이며, 하나님 나라에서 정해진 우리의 자리와 일을 받는 것이고, 우리가 하나님의 소유가 되는 것이며, 우리가 "택하신 족속이요 왕 같은 제사장들이요 거룩한 나라요 그의 소유가 된 백성"의 일원이 되는 것이다. 이는 "너희를 어두운 데서 불러내어 그의 기이한 빛에 들어가게 하신 이의 아름다운 덕을 선포하게 하려 하심"이다(벧전 2:9). 하나님의 백성에게 주어진 명령은 "제자로 삼아…세례를 베풀고…가르쳐 지키게" 하는 것이다(마 28:19, 20). 즉 우리의 사명은 세례를 통해 사람들을 가족 구성원으로 받아들이고, 이들이 가족 안에서 누구인지를 계속 가르침으로써 이들을 '제자 삼는' 것이다.

신약성경은 우리가 **어떻게** 세례를 베풀어야 하는지(방법), 또는 **누가** 세례를 받을 자격이 있는지(세례 받는 자의 나이나 신앙이나 신분)에 대해 거의 말하지 않지만, 세례에 담긴 풍성한 의미를 자주 말한다. 죄 용서, 거듭남, 정결, 죽음, 부활, 입양, 빛 등이 그것이다. 간단히 말해, 세례는 물 자체가 의미하는 모든 것을 의미한다. 세례는 급진적이고 혁명적인 사건을 상징하며, 부활하신 그리스도는 세례를 통해 "우리로 하여금 빛 가운데서 성도의 기업의 부분을 얻기에 합당하게" 하셨다(골 1:12). 또 "우리를 흑암의 권세에서 건져 내사 그의 사랑의 아들의 나라로 옮기셨으니 그 아들 안에서 우리가 속량 곧 죄 사함을" 얻게 하셨다(골 1:13-14). 세례는 회심 경험의 시작, 곧 죽음과 삶을 상징한다. "그러므로 우

작은 교회의 설교와 예배

리가 그의 죽으심과 합하여 세례를 받음으로 그와 함께 장
사되었나니 이는 아버지의 영광으로 말미암아 그리스도를
죽은 자 가운데서 살리심과 같이 우리로 또한 새 생명 가운
데서 행하게 하려 함이라"(롬 6:4).

세례의 조건

세례에 관한 연구와 범교회적 논의에서는, 온전하고 규범
적인 세례의 필수 조건에 대해 광범위한 의견 일치를 이루
었다. 세례의 조건은 성경적, 역사적, 신학적인 것으로 첫째
는 물, 둘째는 세례 받을 사람, 셋째는 세례를 베풀 믿음의
공동체이다.

첫째, 물이 있어야 한다. 지난 세월 동안 적합하지 않은 일
련의 환경을 거치면서, 세례에 사용하는 물의 양이 점점 줄
었다. 몇 세기 만에, 세례반baptismal font(세례용 물을 담은 큰 돌
주발)이 욕조 크기에서 핑거볼fingerbowl(식사 때 손가락 씻는 물을
담아 놓은 작은 그릇) 크기로 줄었다. 세례 횟수가 줄면서 세례
신학도 쇠퇴한 것 같다. 초기 교회 저작들은 세례를 말할
때 '죽음', '양수羊水', '욕조' 같은 표현을 썼다. 그러나 세례

수*가 뿌리는 정도로 적다면, 이런 말이 무의미해진다. 이렇게 되면, 세례식과 연관 있었던 풍성한 성경적 이미지를 잃게 된다. 세례 때 하는 말과 행위가 다른 어떤 방식으로도 가능하다면, 물을 사용해 이렇게 말하고 행하라고 명하시지 않았을 것이다. 물의 양이 아무 상관없다면, 굳이 물을 사용할 이유가 있겠는가?

로마 가톨릭과 많은 개신교회가 행하는 새로운 세례 의식은 물의 양이 많아야 함을 강조한다. 세례식과 관련된 질문은 "어떻게 하면 물을 최대한 적게 사용하면서 유효한 세례를 베풀 수 있을까?"가 아니라 "어떻게 하면 하나님이 세례 때 우리에게 부어 주시는 넘치는 은혜를 과시할 수 있을까?"여야 한다.

교회의 많은 사람들이 세례식을 이해 못하는 한 가지 이유는, 완전하고 짜임새 있으며 의미를 확실하게 드러내는 세례식에 참여해 본 적이 없기 때문이다. 온전한 크기의 침례탕baptismal pool이 있어서 이것을 활용하는 교회라면, 충분한 물을 사용하는 데 전혀 어려움이 없다. 교회 건물을 새로 지을 때나 리모델링할 때, 더 크고 더 의미 있는 침례탕과 세례반을 눈에 잘 띄는 곳에 설치해야 한다. 현관 바로 안쪽이 침례탕이나 세례반을 두기에 좋은 곳이다. 이것은 세례가 '신앙으로 들어가는 문', 곧 그리스도인의 가족이 되는 의식임을 우리에게 일깨워 주기 때문이다.

당신의 교회에 있는 세례반이 작고 볼품없다면, 방식을 바꿈으로써 더 적절한 세례를 베풀 수 있다. 예를 들면, 세례 때 교인 하나가 물이 담긴 큰 용기를 들고 앞으로 나아간다. 단, 주의 만찬을 행하기 전이어야 한다. 이것은 세례가 말씀에 대한 반응이며 세례를 받음으로써 성찬에 참여할 자격이 생긴다는 것을 강조한다. 집례자는 이 물을 크기가 넉넉한 그릇에 부음으로써 모두가 흐르는 물을 보고 그 소리를 듣게 해야 하며, 그 과정에서 물을 어느 정도 흘리는 것을 두려워해서는 안 된다.

실제로 세례를 베풀 때는, 세례 받는 사람이 젖어야 한다. 눈에 보일 정도로 젖어야 한다. 물론, 물에 푹 잠기는 것이 물의 강력한 상징과 물이 함축하는 생명·죽음·태어남·부활·정화의 의미를 드러내는 가장 좋은 방법이다. 물을 붓는 것은 세례와 성령의 선물이 연결됨을 아름답게 상징하는 행위다. "내가 내 영을 모든 육체에 부어 주리니"(행 2:17)라는 말씀에서 드러난다. 세례를 베풀 때 물을 뿌리는 방식이 널리 사용되는데, 이 방식은 사용하는 물의 양이 적고 물의 성례적 의미를 모호하게 한다. 새로운 몇몇 세례식들은, 하나님이 성례를 통해 은혜를 주시는 가시적이고 구체적이며 손에 만져지는 방식을 강조한다. 여기서는 충분한 물이 사용되고 촛불도 활용된다["너희는 세상의 빛이라"(마 5:14)]. 세례 받는 사람은 흰 가운을 입는다["이 흰 옷 입은 자들이 누구며"(계 7:13)]. 그리고 세례 받은 사람의 이마에 표를 붙인다["그 안에서 너희도 … 약속의 성령으로 인치심을 받았으니"(엡 1:13)]. 이 모두는 세례에서 기념하는 신비를 드러내는 방식이다.

둘째, 응답하는 사람이 있어야 한다. 세례는 하나님이 **먼저** 우리를 받아들이심을 상징한다. 그리고 세례는 하나님이 기독교 공동체를 통해 우리에게, 우리를 위해 하시는 일이지만, 세례 받는 자에게 반응을 요구한다. 사도신경은 세례와 연관된 초기 신앙고백이다. 세례는 내가 하나님의 가족으로 입양되고 받아들여져 구성원이 되었음을 상징할 뿐 아니라 내가 그 입양을 받아들였음을 또한 상징한다. 은혜는 값없이 주신 것이며 내가 받을 자격이 있거나 노력해서 얻은 게 아니다. 그러나 바로 이런 까닭에, 은혜에는 반드시 반응이 따라야 한다. 어떤 교단은 성년에게만 세례를 베푸는데, 어른만이 세례가 요구하는 반응을 할 수 있다고 믿기 때문이다. 그러나 많은 교회들에서 성년의 기준이 모호

작은 교회의 설교와 예배

하게 적용되곤 한다. 그런가 하면, 어떤 교단들은 그리스도인 부모의 유아들에게도 세례를 베푸는데, 세례를 시작에서 믿음으로 이어지는 지속적이고 평생 계속되며 따라서 평생 반응하고 성장해야 하는 과정으로 보기 때문이다. 각 교단들마다 어떻게, 언제 믿음이 일어나느냐에 관해 생각은 다르더라도, 모두 '신자의 세례'를 행한다. 교단마다 은혜에 대한 인간의 반응을 사뭇 다른 방식으로 보기는 하지만, 모든 교단이 세례를 하나님의 사랑과 은혜의 상징으로 본다.

그러나 여기서 짚고 넘어가야 할 게 있다. 여기서 진짜 문제는 단순히 반응하기에 적절한 나이인지가 아니다. 우리가 물어야 할 질문을 다음과 같이 더 정확히 풀어 쓸 수 있겠다. "우리가 하는 반응의 내용과 목적과 의미는 무엇인가?" 단순히 '오직 성인'만이라고 선언함으로써 세례에서 반응의 문제를 해결했다고 생각하는 교회들은, 단순히 유아의 부모가 교인 명부에 있어야 한다고 요구함으로써 문제를 해결했다고 생각하는 교회들만큼이나 잘못 판단하는 것이다. 양쪽 교회들 모두가 물어야 할 질문은 이것이다. "그리스도인들을 길러 내는 가장 좋은 방법은 무엇인가? 우리는 어떤 교회를 원하는가? 그런 교회가 되는 가장 좋은 방법은 무엇인가?"

'성인 세례를 베푸는 자들'뿐 아니라 '유아 세례를 베푸는 자들'도, 세례에서 이들의 이름을 부르셨고 이들을 자신의 것이라 하셨으며 이들을 사랑하신 하나님을 향한 지속적 반응과 책임이 있는 삶을 이들이 살아가도록, 양육 방식을 진지하게 숙고하는 싸움을 해야만 한다.

최근 연구들은, 교회가 회심과 양육 면에서 책임을 새롭게 받아들여야 함을 강조했다. 교회는 더 이상, 우리 사회에서 살기만 하면 그리스도인으로 성장하리라고 생각해서는 안 된다. 교회는 우리가 믿음으로 인도한 자들을 대할 때, 그들의 나이와 상관없이 새로운 마음으로 대해야 한다. 세례는 그리스도인이 밟는 순례 길의 출발점이지 목적지가 아니다. 세례는 평생 계속되는 회심 과정의 시작이다. 회심은 단번에 종결되는 사건이 아니다. 루터가 말했다. "우리의 죄악 된 옛사람이 세례 때 물에 빠진다. 그러나 옛 아담은 수영을 아주 잘한다." 세례는 단 한 번 행하는 의식이지만, 우리의 회심을 끝내는 데는 평생이 걸린다.

그리스도인이 되는 것에 대한 묘사, 특히 콘스탄티누스 이전의 묘사를 읽어 보면, 이 일을 대하는 교회의 진지한 태도에 감동하게 된다. 우리와 사뭇 닮은 시대와 주변 문화

작은 교회의 설교와 예배

에 있었던 초기 교회는, 새로운 그리스도인이 이루어가는 변화를 세례를 통해 공식적으로, 전례적으로, 극적으로 드러냈다. 뿐만 아니라 하나님의 가족이 되려는 사람들을 주의 깊게 회심시키고 교육하며 훈련시킬 필요를 느꼈던 게 분명하다. 현대 교회는 제자 삼기를 너무 건성으로 해왔다. 교리 교육, 곧 가르쳐 제자로 양육하는 일이 교회 사역에서 중요한 부분으로 다시 부각되고 있다.

오랫동안 작은 교회는 사람들이 기대하는 양질의 기독교 교육을 할 수 없다며 탄식했다. 작은 교회는 대체로 교단의 권고를 따를 여유가 없으며, 단계가 촘촘한 클래스와 교사 훈련과 각종 장비 부분에서 교단의 기대를 충족시킬 수 없다. 한편 기독교 교육은 너무나 자주, 세상 교육을 흉내 냈다. 불행한 일이다. 세상 교육과 달리, 모든 기독교 교육은 단순한 지식 주입이 아니라 제자 삼기에 목적을 두어야 하기 때문이다. 우리는 양육할 뿐 아니라 회심시키길 원한다. 우리는 단순히 사실 수용이 아니라 반응을 모색해야 한다.

기독교 교육, 풀어서 말하자면 교회가 구성원들을 양육하고 회심시켜 믿음을 갖게 하고 제자의 자격을 갖추게 하는 모든 일을 세례 과정의 일부로 보아야 한다. 기독교 교육과 세례는 그리스도인이 되는 과정에 포함되며, 이 과정은 평생 계속된다. 목회자들은 초기 교회에서 힌트를 얻어 세례 전 교육에 다시금 열심을 내야 한다. 유아 세례를 베풀 때, 부모나 회중 가운데 누군가 아이를 믿음으로 양육하는 개인적 책임을 받아들이게 해야 한다. 적절한 후견인이 없다면, 유아 세례를 베풀어서는 안 된다. 아이를 위해 반응하고 아이 스스로 반응하도록 도울 사람이 없다면, 세례는 엉터리 의식이 되기 때문이다. 부모 그리고/또는 후견인이 아이를 위해 진정으로 반응할 때까지, 또는 아이가 스스로 반응할 만큼 성숙할 때까지 세례를 미루는 것은 전혀 해가 되지 않는다. 작은 교회는 세례가 요구하는 반응과 양육을 실천하기에 더없이 적절하다. 본능적인 방식, 즉 아이들을 자신의 것으로 여기고 인도하는 방식은 책임 있는 교회의 특별한 소명으로 확정되고 강화되어야 한다.

아이들이나 성인들이 세례를 받기 전에, 목회자가 후보자를 교육하는 것도 똑같이 중요하다. 수련회, 소그룹 공부, 후보자 가정에서 갖는 저녁 토론 등은 목회자가 세례 전 필요한 교육과 상담을 하는 몇몇 방법들이다. 아이와 성인을 위해 교회가 후견인을 지명하면, 새로운 그리스도인이 제대로 양육 받고 제 역할을 하는 그리스도의 지체가 되도록 보살피는 책임을 그들에게 맡길 수 있다. 목회자는 가능한

작은 교회의 설교와 예배

모든 자원을 활용해, 기독교 신앙은 단순히 앉아서 듣는 게 전부가 아니며 반응이기도 하다는 것을 사람들에게 일깨워 줘야 한다.

종교개혁자들이 자주 말했듯이, 그리스도인에게 있어서 세례에 대한 반응은 지속적 과정이다. 세례는 그리스도인이 밟는 순례길의 끝이 아니라 시작이다. 대다수 교단에서, 새로운 세례 의식들을 통해 스스로의 맹세를 새롭게 하는 기회를 회중에게 주기적으로 제공한다. 지혜로운 목회자라면 부활절, 오순절, 새해 첫 날, 홈커밍 데이 같은 날에 드리는 예배를 새로운 다짐과 갱신과 반응의 기회로 자주 활용할 것이다.

견진성사, '복음으로의 부름evangelistic altar call' 등등 예배 중에 하는 행위들이 어떤 교회들에서는 전통으로 자리 잡았는데, 우리의 세례를 기억하고 재확인하는 수단으로 보는 게 가장 좋다. 대다수 사람들은 자기 믿음을 재확인할 기회를 반길 것이다. 가능한 한, 이러한 갱신의 행위는 세례의 맥락에서 시행되어야 하며 이제 막 세례를 받은 자들에게 믿음의 성장과 반응이 지속적으로 필요함을 일깨워야 한다. 이전에 세례를 받은 자들에게는 계속해서 하나님의 형상으로 빚어져 가야 함을 일깨워야 한다. 세례 후 교육도 세례 전 교육만큼 중요하다.

온전한 세례를 위한 셋째 조건은 **세례를 믿음의 공동체 안에서 베풀어야 한다**는 것이다. 역사적으로, 개인주의적이고 자조적이며 펠라기우스적인 사회에서, 우리는 세례를 베푸는 공동체의 행위보다 세례를 받는 사람의 행위를 강조해 왔다. 세례를 베푸는 교회의 태도와 믿음에 더 주목해야 할 때에, 오히려 세례 받는 사람의 적절한 태도나 지식이나 행동에 대해 논했던 것이다. 예부터 세례를 입양이라 일컬었다. 하나님이 우리를 그분의 자녀로 입양하시며, 그러므로 교회는 우리를 교회 구성원으로 입양한다. 어떤 입양이든, 받아들이고 선언하고 행동하는 대부분 일의 주체는 입양되는 쪽이 아니라 입양하는 쪽이다. 세례 받는 적정 연령에 관한 과거 논쟁들을 봐도, 우리의 초점이 세례 받는 사람이 아니라 교회와 하나님이 교회를 통해 일하시는 방식에 맞춰져야 한다는 사실이 흐려지기 일쑤였다. 믿음과 행위의 큰 짐은 세례를 베푸는 자들에게 지워진다. 세례식을 몇 살에 행하든 간에, 세례를 베풀고 가르침으로써 '제자로 삼는' 책임은 **교회**에게 있기 때문이다. 이런 까닭에, 세례는 언제나 주의 만찬의 전주곡으로 시행해야 한다.

세례는 가족이 되는 방법이며, 가족 식탁에 참여하는 통

작은 교회의 설교와 예배

과의례임을 보여 주는 가시적 상징으로서 우리는 세례반에서 성찬의 식탁으로 옮겨가야 한다. 세례 받은 유아와 아이들의 성찬 참여를 금지할 설득력 있는 신학적 이유는 없다. 사실, 세례만 베풀고 세례 받은 자들의 성찬 참여를 막는다면, 세례의 목적과 기능에 관해 심각한 신학적 문제들이 발생한다. 우리는 세례반에서 성찬의 식탁으로 옮겨감으로써, 이제부터 신앙의 양육과 자양분을 가족에게 영원히 의존한다는 것을 자각한다.

이것이, 아주 극단적이고 특별한 상황을 제외하고 세례가 절대 개인적 의식이어서는 안 되는 이유다. 세례를 베푸는 자리에는 믿음의 공동체가 반드시 함께해야 한다. 새로운 세례 의식들은, 회중으로 하여금 세례 행위에 더 확실히 참여하게 한다. 다시 말해, 회중이 세례에 포함된 신앙고백에 참여하고, 평신도들은 세례 받는 자들에게 선물하며, 후견인이 지정된다. 여기서 우리는, 세례와 관련된 현대 교회의 가장 기본적인 문제를 마주하게 된다. 너무나 자주, 교회가 터무니없는 자세를 취한다는 것이다. 다시 말해, 교회가 한 사람에게 세례를 베풀어 '공동체'의 일원이 되게 하는데, 그 공동체는 세례 받은 자에게 거의 관심을 보이지 않는 것이다. 그 공동체는, 자신들의 믿음을 분명히 보여 주지도 않고, 자신들 외에 그 누구도 돌보고 양육할 책임을 거의 또는 전혀 지지 않는 낯선 사람들의 모임에 불과하게 되는 것이다.

오늘날 세례에 관한 진짜 문제는, 세례 받는 사람들보다 세례를 베푸는 공동체와 관련이 있다. 문제는 세례 받는 사람들의 자세가 아니라 공동체의 믿음과 진실함이다. 이런 까닭에, 오늘날 유아 세례를 베푸는 교회들과 그러지 않는 교회들 양쪽 모두, 공동체의 반응에 새로운 관심을 갖고 있다. 우리의 문제는, 세례를 베푸는 적절한 방식이 아니라 교회의 일원이 되는 적절한 방법이다.

교회 구성원들도 늘 바뀌고, 세대 간의 대물림이나 접촉도 별로 없으며, 장기적 보살핌과 양육이 어려운 급변하는 사회에서, 세례와 관련해서도 문제가 발생한다. 서로를 알거나 실제로 돌보는 사람들이 드문, 크고 비인격적인 교회에서 특히 더 그렇다. 다행스럽게도 많은 작은 교회에서는 세례와 관련된 문제들이 덜 심각하다. 작은 교회는 안정감이 있고, 세대 간 접촉이 이루어지며, 가족 같다. 이 덕분에 작은 교회는 평생 지속되는 세례를 경험하기에 아주 적합하다. 주의 만찬을 논할 때도 언급했듯이, 세례를 통해 새롭게 되는 일이 작은 교회에서 먼저 일어날 가능성이 높다.

사람들을 받아들이고, 훈련시키고, 세워 주고, 제자 삼을 수 있는 든든한 공동체를 길러 내는 것은 목회자의 책임이다. 목회자는 사람들의 신앙이 성장할 수 있는 방법을, 여전히 가장자리에서 머뭇대는 사람들이 스스로 가족의 일원임을 느낄 수 있는 방법을, 가족이 새로운 생명을 자신들 속에 불어넣을 수 있는 방법을, 끊임없이 생각해야 한다. 가족 가운데 부당한 대우를 받거나 잊히는 사람이 있다면, 어린아이들이 제대로 양육 받지 못한다면, 점점 가족으로부터 멀어지는 것 같은 사람들이 있다면, 목회자가 문제를 파악해야 한다. 가족이 이 문제에 주목하게끔 하고, 가족의 생각을 이끌어 세례와 관련해 그리스도의 몸을 이루는 지체들을 향한 책임을 가족이 더 잘 수행하게끔 해야 한다.

세례는, 몇 살에 행하든, 언제나 눈에 보이고 손에 잡히는 상기물이다(루터는 이것을 "물에 담긴 하나님의 말씀God's Word in water"이라 했다). 다시 말해, 세례는 지금껏 나를 사랑한 사람들, 나를 가족으로 받아 준 사람들, 나를 돌봐 준 사람들 때문에 많은 부분에서 지금의 내가 있음을 상기시킨다. 세례는, 나의 정체성이 공동체의 산물이고, 나는 절대 홀로 또는 무책임하게 신앙생활을 할 수 없으며, 다른 사람들과 함께하는 공동체 안에서 다른 사람들에게 반응함으로써만 자신을 발견하리라는 선언이다. 세례는 하나님이 나를 사랑하시고, 나를 자신의 것이라 주장하시며, 나를 변화시키시고, 나를 다시 빚으시며, 나를 인도하시려고 교회를 통해 손을 내미시는 것이다. 내가 그분의 형상, 곧 그분이 내게 두신 형상으로 온전히 변화될 때까지 말이다.

세례는 어려울 때 우리를 위로하는 성례다. 하나님은 자신의 소유를 지키시는 질투의 하나님이며, 세례는 **내가** 하나님의 소유라는 선언이기 때문이다. 세례에서, 그리고 기독교 교육과 목회적 보살핌 같은 지속적인 세례 행위에서, 작은 교회는 가족으로 행동한다. 구성원들의 이름을 부르고, 이들이 자신의 식구라고 주장하며, 이들을 돌보고, 이들에게 정체성을 심어 준다. 가족이 자기 식구라고 주장하는 그 사람들이 가족의 일원으로, 하나님 가족의 일원으로 반응할 때까지.

7장

결혼식과 장례식: 가족의 위기

작은 교회의 삶은, 가족의 삶처럼 의식儀式에 대해 강한 인식을 함으로써 밖에서 보는 사람들에게 깊은 인상을 심어주어야 한다. 의식이란 중요한 행사마다 규정된 일련의 행동이 있고, 예측 가능한 일련의 절차가 있으며, 정해진 기대치가 있는 것이다. 작은 교회는 이러한 의식을 통해 자기 정체성을 확인하고, 교회의 위치와 목적에 대한 인식을 다음 세대에 물려준다. 교회 안팎과 주일 아침 예배와 수요일 당회에, 틀을 갖추거나 갖추지 않은 의식이 없다면 교회 가족도 없을 것이다.

의식은 꼭 필요하다. 우리는 의식을 통해 과거와 연결되고, 의식을 행했던 이전 세대들의 인도를 받기 때문이다. 의식은 우리의 유산이다. 의식이 필요한 또 다른 이유는, 의식이 공동체를 만들고 합의를 끌어내며 집단적 가치와 규범을 조성하고 유지하는 데 도움이 되기 때문이다. 단절되고 기괴한 종교적 외톨이들의 집단이 아니라 그 이상을 만들어 내려 노력하는 모든 종교 단체 앞에 놓인 문제는 "우리는 의식으로by ritual 살아야 하는가?"가 아니라, 오히려

"우리의 의식이 우리의 신앙을 적절하게 표현하고 형성하는가?"이다. 의식은 선택 사항이 아니기 때문이다.

의식은 우리에게 또 다른 기능을 한다. 의식은 우리가 스트레스와 불안에 대응하도록 돕는다. 이 기능은, '삶의 위기와 관련된 의식들'이라고 말하는 사람들이 있는 것을 보면 더 분명하게 드러난다. 우리는 살아가는 내내 하나의 정체성, 또는 존재 상태의 경계를 넘어 또 다른 정체성이나 존재 상태로 넘어가지 않을 수 없다. 출생, 첫 등교, 고등학교 졸업, 첫 직장, 부모의 죽음, 결혼, 은퇴는 우리가 삶에서 겪는 의미 있는 전환점들이다.

다행스럽게도, 교회는 지금껏 일련의 복잡한 공식적·비공식적 의식을 활용하여 우리를 이끌었고 아주 어려운 전환점들을 잘 통과하도록 했다. 삶의 위기가 위협적이고 잠재적 파괴력이 강할수록, 그 위기와 관련된 의식도 더 세밀하고 꼼꼼해질 것이다. 이 장에서는 중요한 두 위기, 곧 결혼과 관련된 위기와 죽음과 관련된 위기에 초점을 맞출 것이다. 그리고 사랑이 넘치는 가족이 이런 상황에서 구성원들을 응원하는 바로 그 방식으로, 작은 교회가 이러한 전환점에서 전례 자원을 어떻게 활용해 구성원들의 필요를 채울 수 있는지 살펴보겠다.

결혼식

결혼식은 가족의 일이다. 결혼식 날짜를 정하고, 하객을 초대하며, 세부 계획을 세우고, 크고 작은 온갖 일에 신경 쓰는 등, 눈 코 뜰 새 없이 바쁘다. 그런가 하면, 결혼식 당일, 걱정하는 어머니, 긴장한 아버지, 이래라저래라 주문하는 연출자, 찾아온 사촌들, 감탄하는 이모와 고모, 먼 걸음 달려온 친구들 사이에서, 누군가 신랑 신부를 찾아야 할 때도 있다. 어떤 사람은 "누구 결혼식이죠?"라고 물을 것이다. 바로 이것이 첫 질문이어야 한다.

교회 결혼식은 하나의 예배다. 여느 예배처럼, 결혼식도 사적인 일이라 생각해서는 안 된다. 한 남자와 한 여자의 사랑과 맹세가 하객을 한 자리에 불러 모았고, 교회의 일차적 관심은 이들이 독신생활에서 부부생활로 옮겨가게 돕는 것이지만, 신랑 신부가 유일한 관심사는 아니다. 여느 예배처럼, 결혼식도 교회에 속한다. 결혼식은 철저히 공적인 일이며 공동의 일이다. 이것이 결혼식의 장점이다. 바꾸어 말하면, 결혼식은 교회 가족 전체를 위한 것이다. 결혼식 날, 교회는 모든 자원(전통, 경험, 가치관, 지원)을 공급해 신랑 신부의 필요를 채워 줄 뿐 아니라 교회 가족 전체에게 사역의 기회를 준다. 어려운 전환을 하는 사람은 신랑 신부만이 아니다. 이들의 부모, 친구, 친지도 새로운 신분과 달라진 관계에 적응해야 한다.

현 시대가 결혼식을 대하는 방식은, 우리를 혼란스럽게 만드는 경향이 있다. 그중 하나는 결혼식을 '오로지 신랑 신부를 위한 것'으로 여기고 결혼에 대한 이들의 개인적 이해와 입맛에 음악을 맞추는 것이다. 이렇게 하면, 교회가 이 시기에 주어야 하는 풍성하고 역사적이며 세대를 연결하는 자원을 신랑 신부에게서 빼앗는 것이 된다. 또한 결혼식에서 부모와 친구들이 의미 있는 부분이라는 것도 부정하게 된다. 신랑 신부만이 결혼식의 유일한 설계자이고 초점의 대상이 되기 때문이다. 대다수의 전통적 결혼 예배를 보면, 전례의 절반 이상이 회중을 향한 것이다. 교회는 나머지 우리 모두, 즉 이미 결혼한 사람들, 결혼을 준비하는 사람들, 이 결혼 때문에 자신의 삶이 달라지는 사람들에게 뭔가를 말해야 한다.

다시 말해, 중요한 일은 공적인 연합 의식을 통해 공적으로 행하고 말해야 하며, 교회는 우리 모두에게 해야 할 중요한 말이 있다는 뜻이다. 작은 교회의 가족적 분위기, 세대를 잇는 연결 고리, 과거와 연결되는 끈, 일반적으로 높

작은 교회의 설교와 예배

은 참여율은 결혼식에 있어서 모두 긍정적 요소다. 작은 교회 목회자는, 작은 교회가 삶에서 위기를 마주할 때 한 가족으로서 움직이는 경향을 강화하는 방법을 찾아야 한다. 그러므로 결혼식을 계획하는 과정에 온 교회가 참여해야 한다. 교회는 이 전례를 모두의 자원과 달란트와 지원이 필요한 **자신들의** 결혼식으로 보아야 한다. 우리가 방문한 어느 작은 교회의 경우, 회중이 신랑 신부에게 결혼 선물로 피로연을 열어 주는 게 관례였다. 교인들이 친교실을 장식했고, 다과와 음악을 준비했다. 일부 신랑 신부들이 제대로 된 피로연을 열 여유가 없다는 것을 교회가 알게 되었고, 그래서 결혼식이 있을 때마다 피로연을 열어 주는 것이 교회의 전통이 되었다고 한다. 또 다른 교회의 경우, 결혼식 때마다 평신도 지도자나 몇몇 교인이 교회가 함께하고 응원한다는 표시로 축사를 한다.

결혼식을 예배로 정의할 때, 여기에 내포된 또 다른 중요한 의미가 있다. 여느 예배를 판단하는 바로 그 기준으로 결혼식도 판단해야 한다는 것이다. 예배는 함께 드려야 하고, 회중이 참여해야 하고, 성경에 근거해야 하고, 신학적으로 초점이 맞아야 하고, 복음적이어야 하고, 선교적이어야 하고, 그 어떤 본질적인 것을 제시해야 한다고 느낀다면, 결혼식에 대해서도 동일한 기준을 요구해야 한다. 그러나 결혼식 예배는 결코 예배가 **아니라는** 느낌을 주는 방식으로 계획하고 행하기 일쑤다.

결혼식이 교회에 속한다면, 목회자는 교회 대표자 그룹과 의논해 교회의 결혼식에서 기대하는 것에 관한 지침과 선언을 정립해야 한다. 목회자가 결혼 예배의 내용에 관해 자신만의 기준을 임의로 정하는 것은 옳지 못하다. 그러나 회중의 정해진 바람을 실행하는 것은 목회자의 의무다. 그렇다고 결혼식 전날, 음악을 두고 신부와 다투는 것은 적절하지 못하다. 우리가 방문한 어느 교회는, 음악과 꽃을 비롯한 세세한 부분에 대해 몇 차례 유감스런 논쟁을 한 후, 교인들의 결혼식과 관련된 일련의 지침과 함께 목적 선언문을 연구해 작성하기로 했다. 몇 주 동안 숙고하고 목회자와 논의한 후, 교회는 이 연구를 작은 교회의 모든 예배로 확대하기로 결정했다. 그 결과물이 《레드힐 교회의 예배》라는 소책자로 나왔는데, 이 책은 교회의 모든 행사와 관련된 예배를 다루었으며, 교회가 이 예배들에서 무엇을 하려 하고 무엇을 말하려 하는지와 각 예배의 기준을 밝혔다. 그리고 이 소책자를 교회에 등록하는 모두에게 나눠 주었다. 이 교회는 예배 생활에 대해 새로운 주인 의식을 가지게 되었고, 예배의 의미를 새롭게 이해하게 되었다.

교회가 결혼 예배를 평가하기 위해 깊이 생각하고 답해야 할 질문이 몇 가지 있다.

(1)우리 교회의 결혼식은 온전한 예배인가? 다시 말해, 충분한 말씀, 회중의 참여, 짧은 설교, 신앙고백, 찬송 등을 포함하는가? (2)우리 결혼식의 '연출자director'는 누구인가? (3)예배에서 꽃을 비롯한 특별한 장식의 역할과 한계는 무엇인가? (4)사진은 어떻게 찍는가? (5)그리스도인의 결혼식에서 핵심적 상징은 무엇이며, 어떤 상징적 행위에 초점을 맞춰야 하고, 이러한 상징이 모호해지지 않게 하려면 어떻게 해야 하는가? (6)성례가 어떤 역할을 할 수 있는가? (7)우리는 신랑 신부가 결혼식 전에 얼마나 많은 준비를 목회자와 함께해야 한다고 생각하는가? (8)우리는 장차 결혼할 우리의 젊은이들을 어떻게 더 잘 준비시킬 수 있으며, 이미 결혼한 교인들의 결혼생활은 어떻게 더 적절하게 지원할 수 있는가? (9)타 교회 목회자에 관해서는 어떻게 해야 하는가? (10)결혼식에서 신랑 신부의 개인적 필요와 바람에 세심하게 대응하면서도 교회의 역사적 증언에 충실하려면 어떻게 해야 하는가?

장례식

작은 교회의 결혼식을 위해 제시한 기준들과 지침들을 장례식에도 적용할 수 있다. 결혼식이 결혼을 통한 연합이 초래하는 위기에 교회가 전례를 통해 취하는 대응이듯이, 장례식은 죽음이 초래하는 위기에 교회가 전례를 통해 취하는 대응이다. 삶에서, 죽음만큼 교회에게 자발적이고 세밀하며 신학에 입각한 반응을 요구하는 일도 없다. 그리고 작은 교회만큼 이 위기에 잘 대응할 수 있는 집단도 없다.

누군가 죽으면, 고인과 가까운 사람들에게는 급격한 변화가 일어난다. 이를테면, 관계가 단절되고 그들의 한 부분이 사라지며 그들의 삶은 혼란에 빠진다. 슬픔은 죽음이 초래하는 위기에 대한 자연스러운 반응이며, 장례식은 슬픔을 통과하는 소중한 방식일 수 있다. 흔히 슬픔 때문에 갈피를 못 잡고 고립되며 아파할 때, 공동체의 여러 의식들은 그들이 상황을 이해하고 고인의 부재 가운데 스스로를 새롭게 이해하도록 돕는 중요한 방법이다. 여기에는 장례식이라는 공식적 의식과 장례식 전후의 비공식적 의식들이 포함된다.

작은 교회의 장례식을 생각할 때 가장 먼저 해야 할 일

작은 교회의 설교와 예배

은, 그 교회가 가족 구성원의 죽음에 대응해 치르는 모든 의식. 즉 정형화되고 예측 가능한 행동들을 열거하는 것이다. 이것은 새로 온 목회자들에게 특히 중요하다. 모든 교회에는 일련의 공식적 의식들과 비공식적 의식들, 곧 목회자들이 잘 집례하려면 반드시 배워야 하는 의식들이 있기 때문이다. 때로는 교회 밖에서 거행되는 비공식적 의식들이 공식적 의식들만큼 중요할 수 있다. 장례 전례 자체를 위해 사람들을 준비시키는 데 비공식적 의식들이 도움 되기 때문이다.

누군가 죽으면 거의 자동적으로 일어나는 일이 무엇인가? 목회자와 장례지도사를 부르고, 친구들과 친지들이 고인의 집을 찾아가 유가족을 위로하고, 조문객을 맞을 수 있도록 집을 정리하기 시작한다. 식사를 준비하고, 멀리 사는 친지들에게 연락하며, 관을 선택하고, 장례 절차를 결정한다. 순식간에 이루어지는 이러한 행동들과 예측 가능한 일련의 일은, 슬픔을 마주하는 과정에서 더없이 중요하다. 아무리 일상적이고 평범해 보일지라도, 이러한 행동들은 대다수가 마주하길 꺼리는 신비, 곧 죽음을 대하는 데 도움이 된다. 이것들은 모두에게 할 일을 주며, 위기에 대응하는 수단을 제공한다. 음식을 준비해 유가족에게 가져다주는 여자들은 단지 유가족을 돕는 게 아니다. 이들은 이렇게 함으로써 친구의 위기에 대응하고 있기도 하다. 사실, 전례에 속하지는 않지만 장례식 전후에 행하는 의식을 교회가 적절하게 발전시키지 않았다면, 장례식 자체가 주는 유익도 줄어들었을 것이다. 모든 사람이 모든 사람을 알고, 누군가 나오지 못하면 그 빈자리에 마음 아파하며, 늙은이와 젊은이가 자주 접촉하고, 가족으로서 책임을 느끼는 작은 교회는 장례식 전후의 의식을 큰 교회보다 잘 발전시키고 활용하고 있다.

목회자가 슬픔을 마주하는 과정에서 처음부터 유가족과 함께했다면(이것 또한 작은 교회에서 더 쉬운 일이다), 시간을 내어 친지들과 친구들을 만나고 유가족과 함께 장례를 계획할 뿐 아니라 이 죽음 때문에 역시 슬픔을 겪고 있을 더 큰 공동체를 돌보았다면, 장례식 전례도 더 견실하고 확실하게 집례하면서 슬픔을 당한 사람들의 마음을 안정시킬 수 있을 것이다. 이렇게 한다면, 목회자는 단순히 '예배를 인도하는' 게 아니라 장례식 전례를 **목회적** 보살핌으로 확장할 수 있다.

목회자는 '장례지도사'의 책임을 맡아 왔으며, 여느 예배에서와 거의 같은 역할을 했다. 처음부터 이것을 명확히 해

작은 교회의 설교와 예배

야 한다. 장례식은 함께 드리는 예배다. 장례식을 인도할 때, 목회자는 '무엇이든 가족이 바라는 바를 할' 뿐 아니라 기독교 공동체를 이끌고, 말씀을 선포하며, 가능하다면 성례를 시행하고, 죽음에 대한 교회의 역사적·신학적·성경적 대응을 토대로 예배를 인도해야 한다. 그것이 목회자가 할 일이다. 이렇게 할 때, 고인 친지들의 바람에만 부응하기 위해 무책임하고 그릇된 시도를 할 때보다 교회 가족을 더 잘 돌보고 섬기게 된다.

결혼식처럼 장례식도 온 교회 가족을 위한 것이다. 장례식에서는 누구보다도 회중 가운데 이 깊은 슬픔을 겪는 사람들에게 관심을 쏟겠지만, 하나님의 가족 전체를 향한 교회의 증언이 필요하다. 장례식은 슬퍼하는 유가족을 위한 사역일 뿐 아니라, 죽음으로 인한 끝나지 않은 슬픔과 씨름하는 사람들을 위한 사역이자 사랑하는 사람을 떠나보낼 준비를 해야 하는 사람들을 위한 사역이기도 하다.

안타깝게도, 장례 예배가 점점, 아주 가까운 친구들과 친지들만 참석해 장지葬地에서 드리는 간소하고 개인적인 예배로 되어 가는 경향이 있다. 작고 개인적인 장례식은 죽음의 실체를 회피하려는 미묘한 시도를 대변할 뿐 아니라, 죽음과 관련해 공동체 전체의 증언과 참여를 거부하는 것일 수도 있다.

장례식에 대한 깊은 연구는 어느 교회에게든 그만한 가치가 있다. 장례식을 개선하고, 장례식에 관해 교육하며, 교회의 기준을 정하는 것은 장례식 당일에 해야 할 일이 아니다. 어떤 교회들은 장례 관련 서류 양식을 만들어 교인들에게 작성하게 하고, 목회자와 상담해 자신의 장례식과 관련해 바라는 것들을 얘기하게 한다. 이러한 양식은 장례가 났을 때 친지들에게 큰 도움이 될 수 있다. 교회에서 장례식을 온전한 예배 형식으로 거행하고, 온 회중이 참여하며, 교회 음악과 말씀과 기도와 신앙고백과 성례가 온전히 행해지도록 독려한다면, 죽음과 사별로 인한 위기에 대처하는 데 교회의 전례 자원을 잘 활용하는 것이다.

비인격적이고 서로 소원하며 뿌리 없는 이 세상에서, 사람들은 서로를 존중하고 소중히 여겨야 하는 하나님의 사랑스런 자녀로 대하기보다 '물건' 취급하면서 아무렇게나 이용하고 생각 없이 학대하기 일쑤다. 또 죽음을 회피하거나 부정하거나, 생명과 죽음 둘 모두에서 하나님이 부여하신 존엄성을 빼앗는 비인격적이고 기계적인 방식으로 죽음을 대한다. 이런 세상에서, 하나님의 가족은, 특히 작은 교회로 모일 때, 선포해야 할 말씀이 있다. 결혼 및 죽음과 관

작은 교회의 설교와 예배

련된 교회의 의식들을 깊고 세심하게 살펴본다면, 세상이 너무나 절실하게 필요로 하는 명료함과 따뜻함과 보살핌을 담은 말씀을 작은 교회가 선포할 수 있을 것이다.

8장
설교: 말씀을 섬기다

흑인 교회의 삶에서는 여전히 설교가 중심에 자리하며, 로마 가톨릭교회에서도 설교가 재발견되고 있지만, 대다수의 주류 백인 개신교회에서는 설교가 어려운 시기를 겪어 왔다. 다수의 비평가들이 설교의 효과, 설교의 권위적 이미지, 영상매체에 빠진 현대 사회에서 설교의 적합성 등에 의문을 제기했다. 여전히 많은 시간을 설교 준비에 쏟는 목회자는 희귀종에 속한다. 오늘날 목회자는 상담, 심방, 교회 행정, 지역사회 활동에 시간을 쏟는다. 린더 켁Leander Keck이 말하듯이, "잡다한 일이 주일의 일을 대체했다." 많은 목회자들이 주일 설교를 할 때, 회중은 그가 읽기와 묵상과 기도를 비롯해 설교를 잘 준비하는 데 시간을 별로 쏟지 못했다는 말을 굳이 들을 필요가 없다. 목회자 자신이 설교의 직무를 하찮게 여기면, 그의 설교에서 드러날 것이다.

다음 장에서는 그리 놀랍지 않은 자료를 살펴볼 것이다. 이 자료에 따르면, 적어도 우리가 살펴본 작은 교회들에서는 설교가 여전히 목회자의 다양한 의무 중 으뜸으로 꼽힌다. 그렇다면 왜 교인들이 으뜸으로 꼽는 의무를 목회자들은 소홀히 여기는가? 그 이유는 많고 복잡하다. 현대의 어떤 비평들은 성경을 해체하고 왜곡해서, 믿을 수 있는 자료가 되지 못하게 하는 경향이 있다. 많은 목회자가 신학교에서 배운 주해 방법은, 주어진 본문에 관해 적절하게 설교**할 수 있는** 것보다 말**할 수 없는** 것을 드러낸다.

어떤 커뮤니케이션 이론가들은 본질적으로 일방적인 설교의 커뮤니케이션 방식에 대해 의문을 제기했다. 인종신학, 해방신학, 즉흥적이고 비체계적인 전위*avant garde* 신학 등 현대의 많은 신학 이론들은 매주 설교에 대한 평균적인 회중의 필요를 충족할 만큼 자리를 잡지 못했다. 오늘날에는 '말씀과 성례의 합당한 시행'이 아니라 상담이나 조직 관리나 사회 참여를 교회의 본질과 목적으로 본다. 많은 대형 개신교단에서 목회자의 영전榮轉은, 지교회에서 말씀을 얼마나 잘 선포하느냐로 결정되기보다 상부 기관을 얼마나 충성스럽게 섬기느냐, 다른 목회자들과 얼마나 원만한 관계를 유지하느냐, 교단 프로젝트를 얼마나 잘 수행하고 교회 건축을 얼마나 잘 해내느냐로 결정된다.

이 모든 요인이 합쳐져, 목회자들로 하여금 설교에 시간을 투자하지 못하게 막는다. 게다가, 솔직히 말하면, 설교는 쉽지 않다. 설교를 잘하려면 주해, 신학, 심리학, 해석학 분

야를 두루 다루는 폭넓은 기술이 필요하다. 이런 기술을 타고난 목회자가 많지 않을 뿐 아니라 이것들을 개발하려는 목회자도 많지 않다. 이들에게 설교의 직무는 마주하기보다 피하는 게 낫다.

설교의 권위

현대 설교가 부적절하다고 비판하려면, 무엇이 적절한 설교인지 알아야 한다. 무엇이 '좋은' 설교인가? 설교의 모든 면을 논하는 것은 이 책의 범위를 벗어난다. 그렇지만 확신컨대, 작은 교회 목회자라면 무엇이 좋은 설교인지 더 잘 알아야 한다. 다시 말해, 작은 교회에서 하는 설교의 목적과 권위와 역할을 알아야 한다. 한편, 작은 교회 구성원들은 설교를 목회자의 주된 의무로 여기고, 작은 교회를 진정 훌륭한 설교를 하기에 적절한 환경으로 여겨야 한다.

훌륭한 설교란 무엇인가? 누가 **훌륭한** 설교자인가? 존 버글랜드 John K. Bergland는 몇몇 작은 교회들에게 물었고, 다음은 그 대답들의 요약이다.

1. 훌륭한 설교자들은 많은 사람을 끌어당긴다. 로버츠 Roberts, 그레이엄Graham, 필Peale, 쉰Sheen, 팔웰Falwell 같은 이름이 떠오른다.* TV방송의 설교자들은 성공한 설교자의 모델이 되었다. 이들은 매주 수백만 명에게 설교한다. 훌륭한 설교는 많은 사람을 끌어당긴다. 대박을 터트리는 성공이다.

2. 훌륭한 설교자들은 많은 사람들에게 큰일을 한다. 훌륭한 설교는 군중으로부터 뚜렷한 반응을 끌어낸다. 설교자는 스탠드업 코미디언처럼 재치 있고 매력적일 수 있거나, 브로드웨이 배우처럼 극적이고 감성적일 수 있다. 훌륭한 설교는 사람들에게 영향을 미친다. 감성적 성공이다.

3. 훌륭한 설교자들은 창의성으로 깊은 인상을 준다. 이들은 타고난 통찰력과 화려한 문학적 기교 및 수려한 말솜씨를 결합해 옛것을 새롭게 보도록 돕는다. 이들은 중요하고 흥미로운 상상력을 자극하는 생각할 거리를

• 각각 Oral Roberts(1918-2009), Billy Graham(1918-2018), Norman Vincent Peale(1898-1993), Fulton J. Sheen(1895-1979), Jerry Falwell Sr.(1933-2007)을 가리킨다.

작은 교회의 설교와 예배

준다. 훌륭한 설교는 예술 작품이다.

이러한 대답들로 판단컨대, 훌륭한 설교자와 훌륭한 설교의 주된 기준은 '크기'다. 청중이 많아야 하고, 청중에게서 큰 감동을 끌어내야 하며, 청중에게 큰 생각을 심어 주어야 한다. 이 설교 테스트는 청중이 한 테스트다. 이에 따르면 훌륭한 설교자는 많은 사람에게, 많은 사람을 위해 설교하는 사람이다.

이러한 기준들을 근거로 설교가 좋은지를 판단한다면, 수천 명이 아니라 수십 명에게 설교하는 작은 교회 설교자가 왜 설교를 시작하기도 전에 패배감을 느끼는지 쉽게 이해할 수 있다. 설교자와 그의 설교가 확연히 부적절한지 보려면, '머릿수'를 세기만 하면 되는 것이다.

또한 많은 현대 설교자들이 왜 설교를 평가하는 전통적 기준들, 예를 들어 설교가 성경, 교회 전통, 정통 신학, 사회를 향한 예언자적 증언에 충실한가 하는 기준을 폐기하는지도 알 수 있다. 훌륭한 설교의 유일한 증거를 청중의 크기, 청중의 감동, 청중의 생각에서 찾는 게 분명하기 때문이다.

우리는 이렇게 물어야 한다. "청중이 설교의 주된 판단자라면, 설교자가 말씀을 전하고 복음을 충실하게 선포하며 자신의 직임을 책임 있게 수행하는 것이 가능한가?"

설교자에게 있어서 권위의 유일한 근원, 곧 훌륭한 **기독교** 설교가 갖는 권위의 유일한 근거는 신학이다. 청중에게 즐거움을 주는 게 아니라 말씀을 전하는 것이 설교자의 사명이다. 말씀 아래 서는 게 아니라 청중 앞에 서는 게 설교라고 보면서부터, 설교의 권위는 길들여지고 약해지고 사라졌다. 설교가 아무리 '성공적'으로 보이더라도, 복음 아닌 다른 것을 제시한다면 실패한 것이다. 설교자가 자신이 선포한 것이 복음인지 아닌지는 청중에게 물어 봄으로써 알 수 있는 것이 절대 아니다.

현대 개신교 설교의 근본적인 두 약점, 곧 도덕화와 심리화는 설교의 권위를 엉뚱한 데서 찾은 결과다. 도덕화 moralizing는 설교자들이 단순한 도덕적 추론, 즉 청중이 이루어야 하는 이상理想을 도출할 수 있는 본문을 찾고자 성경을 훑을 때 일어난다. 이럴 경우, 더 나은 삶을 위한 제안이나, 바른 의견을 위한 원칙이나, 완수해야 할 의무의 형태로 복음이 제시된다. 도덕화에서는, 말할 거리 즉 사람들을 설복시킬 쉽고 간단한 방법을 찾으려는 목회자의 진지한 시도에 의해 복음이 왜곡된다. 또 기독교의 선포를 왜곡한다. 복음은 대개 우리의 행위와 계획이 아니라 **하나님의** 행위와 계획과 관련이 있기 때문이다.

심리화psychologizing는 설교자들이 복음에 심리적 자기 심취를 덧붙여서, 청중의 기분을 돋우는 일련의 원리나 프로그램이나 일반적 조언을 제시할 때 일어난다. 오럴 로버츠, 로버트 슐러, 노먼 빈센트 필 같은 인기 있는 설교자들이 이런 설교 스타일을 선호했다. 이러한 설교는 '자기중심적 세대'와 '심리적 인간'이라는 꼬리표가 붙은 사람들, 또 자신의 내적 감정과 기분과 이미지를 발전시키고 탐구하며 돌보는 게 삶의 목적인 사람들에게 먹힌다. 이때 복음은 자기 성취와 자기만족을 위해 개인화된 이기적 기술記述로 전락한다. 청중이 느끼는 필요가 설교자의 주된 관심사가 되는 것이다.

우리는, 좋은 설교를 가리는 최고의 테스트는 설교가 말씀에 충실한지 보는 것이라고 주장하고 싶다. 청중의 크기나 성격이 설교를 가늠할 수는 없다. 복음을 선포하는 사명에 충실한 작은 교회 설교자들은, 청중이 많지 않기 때문에 설교의 권위를 청중의 크기가 아니라 다른 데서 찾을 수밖에 없다. 이것이 이들의 이점이다. 우리는 앞서 예배와 성찬에 관해 언급했던 희망을, 이제 설교의 르네상스와 관련해서도 말하고자 한다. 갱신이 일어난다면, 작은 교회에서 먼저 일어날 것이다. 이유는 간단하다. 설교의 진정한 목적과 권위에서 벗어날 가능성이 적은 이들이 바로 작은 교회 설교자들이기 때문이다.

말씀을 섬기다

파머H. H. Farmer의 표현을 빌리자면, 설교자는 '말씀의 종'이다. 메신저가 메시지에 사로잡힐 때, 설교는 역동적이 된다. 설교자가 메시지에 사로잡히지 못할 때는, 바울이 언젠가 말한 '장사꾼peddler'(고후 2:17), 곧 종교 상품을 최대한 화려하게 꾸며 시장에 내놓는 장사치가 된다. 메시지(복음)가 전달자(설교자)를 낳는 것이다. 그렇지 않으면, 전달자(설교자) 자신이 메시지가 되고, 복음을 방해하며, 그리스도가 아니라 자신을 제시한다. 그러나 복음을 전하는 자는 절대로 복음만큼 중요하지 않다. 설교자에게 강력한 말거리가 있을 때에야 설교가 힘이 있다. 설교의 문제는 전달의 문제라기보다 신학적, 성경적 문제다. 설교자는 신학적으로 명료하고 일관되어야 하며, 성경의 증언에 겸손하고 능숙하게 집중해야 한다. 설교자가 강단에 서서 자기 성취, 조직의 인정, 체제 찬사, 회중의 칭송 따위를 구한다면, 절대 충실한 말씀의 종이 될 수가 없다.

말씀의 종이 된다는 것은 말씀을 섬기는 것이다. 이것이 설교자의 주된 역할이라는 주장은, 신학적 관심사와 목회적 관심사를 대립시키라는 뜻이 아니다. 우리가 연구한 바에 따르면, 설교자들은 충실하게, 정직하게, 겸손하게, 담대하게 말씀을 섬길 때, 자신과 회중을 가장 잘 섬긴다. 청중에게 영합하거나 '스타' 이미지를 품고 일하는 설교자라면, 작은 교회 강단에 남아 있는 한 줄곧 좌절하고 실패할 수밖에 없다. 작은 교회의 청중이 텔레비전이나 전도 집회나 시내 대형 교회의 화려한 강단에서 볼 수 있는 쇼맨십을 기준으로 좋은 설교인지 판단한다면, 자신의 목회자가 하는 설교를 평가할 때 부족하다는 느낌을 절대 지울 수 없다. 그러나 작은 교회의 목회자들과 회중이 말씀에 심취하고 소중한 성경의 전통이 현대 문제와 어떻게 연결되는지 진정으로 궁금해한다면, 복음 이야기 듣기를 기뻐함으로써 **그** 이야기가 **우리의** 이야기라는 것을 인식한다면, 이들은 의미 깊은 설교 회복을 향해 잘 나아가고 있는 것이다.

현대 설교가 어려움을 겪는 것은 꾸준하고 진지하게 성

경과 씨름하지 못하기 때문이다. 설교자들은 회중이 교회와 성경과 교회 전통에 대한 증언이 아니라 자신들의 개인적 간증을 원한다고 잘못 생각하고 있다.

그 결과 회중은, 사고가 꽉 막혔거나, 교단의 최근 사회 운동에 대한 지지를 끌어내려 애쓰거나, 최신 유행하는 견해들을 앵무새처럼 되풀이하는 설교자들 앞에서 당혹감을 감추지 못한다. 이렇게 되면 교회 가족은 기억상실증으로 고통당한다. 자신들이 누구이며 또 누구의 것인지 잊어버린다는 뜻이다. 자기 정체성을 잃는 것이다. 목회자는 정당한 권위의 근원을 잃고, 뭔가 새롭고 기발한 설교 거리만 간절히 찾는다. 어느 순간, 세상에서 파는 산더미 같은 자립 기술, '대중' 심리, 사회 개선 프로그램과 복음을 구분할 수 없게 된다. 회중은 좀처럼 판단을 받거나, 교정을 받거나, 도전을 받지 않는다. 설교자와 회중 양쪽 모두, 값싼 자기 확증과 피상적 상호 칭송을 애절하게 찾게 된다. 강력한 하나님의 은혜의 말씀을 더는 듣지 않기 때문이다. 기독교의 모든 갱신이 성경적 설교의 재발견을 수반하는 것은 전혀 놀랍지 않다.

텔레비전 설교자들과 거대한 도심 교회의 설교자들은 훌륭한 웅변가일 수 있다. 가끔은, 훌륭한 말씀의 해석자일 수도 있다. 그러나 이들은 결코 훌륭한 말씀의 종이 못될 것이다. 말씀에 충실하려면 먼저 목회자로서 하나님 백성의 삶 전체와 매일매일 마주해야 하는데, 이들은 그렇게 하지 못하기 때문이다. 말씀은 일반 사람들에게 주는 일련의 추상적 원리가 아니다. 말씀은 예전에 선포되었다가 지금 사랑받고 보호되며 주의 깊게 되풀이되는 폐쇄적이고 낡은 물건이 아니다. 말씀은 가족의 책(성경)에서 나오며, 가족의 모임(예배)이라는 정황에서 살아나고 구체성을 갖는다. 작은 교회에서는, 설교자가 회중을 알고 회중은 설교자를 안다. 가족이 자신들의 풍성한 책 앞에 모여 있고, 말씀이 가족의 말씀으로 선포되며 이해되는 이곳에서 훌륭한 설교가 시작된다. 작은 가족은 일체감과 친밀감 안에서, 날마다 일상에서 하는 씨름을 직접적으로 말씀에 견주어 볼 수 있다. 이는 큰 교회에서는 불가능한 방식이다. 이럴 때 설교는 목회적 보살핌이 된다. 구체적인 사람들과 이들을 부르신 하나님 사이의 지속적인 대화가 되는 것이다.

설교자는 환자를 심방하고, 사람들이 어디서 일하는지, 어디가 아픈지, 어디에 돈을 쓰는지, 어떻게 먹고 사는지 안다. 설교자는 공동체에 대해 이중적 책임을 느낀다. 사람들의 말을 귀담아 듣는 동시에, 말씀에 귀를 기울여야 한다는 것이다. 다시 말해, 설교자가 월요일부터 토요일까지 능숙하게, 의식적으로 귀기울인다면 주일 설교를 할 때 말할 거리가 많을 것이다. 말씀을 섬김으로써 설교자는 하나님의 말씀 아래 있게 되고, 하나님 말씀에 순종하기 위해 듣기를 갈망하는 하나님의 가족을 충실하게 섬길 것이다. 설교자가 매주 강단에 설 때, 가족은 인내하며 기다리고 기대를 품고 묻는다. "오늘은 주님이 어떤 말씀을 주실까?"

하나님의 말씀을 충실하게 받고 이 말씀을 하나님의 가족에게 충실하게 전하는 기쁨, 이것이 작은 교회에서 설교하는 기쁨이다.

작은 교회의 설교와 예배

9장
평신도의 반응: 말씀을 받다

설교에는 설교자와 청중, 양쪽이 다 참여한다. 좋은 설교인지 판단하는 첫째 테스트는, 말씀에 충실한지 보는 것이다. 그렇더라도 말씀이 어떻게 적절하게 제시되고 있는지 묻는 것도 타당하다. 설교자는 자신이 무엇을 전달하려 하는지는 알겠지만, 전달하려는 메시지를 청중이 받아들이고 있느냐는 물어 봐야 안다. 모든 설교자는 이따금 "사람들이 정말로 듣고 있는 걸까?"라고 생각하며 고심한다.

이 장은 듀크 신학교 존 버글랜드John K. Bergland 교수가 했던, 작은 교회 평신도들이 설교에 보이는 반응에 관한 연구를 부분적으로 활용했다. 이 연구에서는 예배 후 평신도들에게 질문지와 함께 설교를 평가해 달라는 요청을 했다. 한 그룹의 교회에 여섯 주일 연속으로 설교를 평가해 달라고 평신도들에게 요청했고, 또 몇몇 평신도 평가자를 여러 작은 교회 예배에 참석시켜 설교를 평가하게 했다. 목회자들과 평신도들을 인터뷰해 설교에 관한 의견도 들었다. 연구 대상 교회들은 전국 각지에서, 여러 개신교 교단에서 선택했다. 그렇다고 작은 교회들 중에서 표본을 임의로 선택하지는 않았으며, 작은 교회를 대표하는 교회들을 선택했다.
설교에 대한 회중의 반응에서 발견한 몇몇 사실을 여기서
제시하겠다.

누구라도 듣고 있는가?

이 연구에서 확인된 가장 중요한 사실은 회중이 설교자의
말을 듣고 **있다**는 것이다. 그러나 많은 설교자가 이 사실
을 확신하지 못한다. 목회자들과 이들의 교회에 관해 얘기
를 나누거나, 이들이 사역에서 중요하다고 여기고 잘되고
있다고 생각하는 부분에 관해 얘기를 나눌 때, 설교는 좀체
언급되지 않는다. 새로운 프로그램을 시작하고, 교회 건물
을 리모델링하거나 새로 건축하며, 지역사회를 섬기는 활
동 등이 설교보다 높게 평가되는 것 같다.

평신도들은 설교를 듣고 받은 느낌을 설교자에게 드러
내지 않으려는 경향이 있다. 목회자가 예배 후에 자주 듣는
의례적 인사말 "목사님, 설교 참 좋았습니다!"는 회중이 설
교를 실제로 듣는다는 결정적 증거라고 보기 힘들다. 그럼
에도, 주일마다 성실하게 회중석을 채우는 사람들은 사실

설교자의 말을 들으며 공감하고 있다. 개신교회들의 회중석에 자리한 사람들에게 설교는 여전히 매우 중요하며, 설교자가 믿든 믿지 않든 간에 설교자의 말은 청중의 삶에 영향을 미친다. 한 그룹의 평신도들에게 목회자가 해야 할 모든 일에 우선순위를 매겨 달라고 요청하면, 설교를 맨 위에 두지 않는 경우를 거의 찾아볼 수 없다.

최근의 교회는 설교를 끌어내리는 경향이 있다. 지역사회를 섬기고 사회 활동에 참여하는 것이 무엇보다 중요하다고 강조되며, 그래서 어떤 목회자들은 사실상 다른 모든 것이 예배 인도와 설교보다 중요하다고 느끼게 된다. 목회자들은 공부와 설교 준비 외에 다른 교회 활동에 참여하지 않을 때, 종종 죄책감을 느끼곤 한다. 교인이 사무실이나 목사관에 전화해 목회자와 통화하고 싶다고 할 때, 지금은 주일 설교를 준비하고 있기 때문에 통화할 수 없다는 답변을 듣는 경우는 거의 없다. 물론 전화를 건 사람에게 목회자가 전화 상담 중이거나, 어떤 지역사회 활동에 참여 중이거나, 교단 본부의 회의에 참석 중이라고 말하는 것은 여전히 당연하게 여겨진다.

사실 어떤 목회자들은 거의 모든 일이 자신의 공부와 설교 준비를 방해하도록 그냥 둔다고 여러 번 말했었다. 그러나 목회자가 교회 일을 하느라 바쁘거나 이런저런 단체 또는 지역사회 활동에 참여할 때, 다시 말해, 기도, 묵상, 공부, 주일 설교 준비에 시간을 쓰고 있지 않은 게 분명할 때, 교인들은 이것을 알아챈다. 평신도들이 설교를 더없이 중요하게 여기는 반면, 많은 목회자가 설교에 최우선 순위를 두지 않는 것 같은 데에 많은 이들이 놀랄 것이다.

목회자가 설교에 시간과 노력을 덜 투자하는 여러 가지 이유가 있을 수 있다. 이를 테면, 목회자가 교회 밖 활동을 우선순위에 두기를 교단이 기대할 수도 있다. 또는 교회의 다른 일이 목회자의 시간과 관심을 요구할 수도 있다.

설교 준비는 어렵고 시간과 자기 훈련을 요구한다. 반복적이고 시간을 요하지만 덜 힘든 행정 업무를 하느라 바쁜 게 더 쉽다. 설교는 목회자에게 자신의 믿음과 의심을 회중 앞에 드러내라고 요구한다. 자신이 알고 또 자신을 아는 작은 회중에게 매주 설교하면서 개인적 믿음을 드러내지 않는 것은 사실 불가능하다. 이것이 설교의 가장 어려운 부분일 것이다.

설교에 대한 작은 교회 회중의 반응 연구에서 드러난 또 한 가지 사실은, 평신도들은 설교 비판을 극도로 꺼린다는 것이다. 평신도들은 자신들의 목회자가 하는 설교를 비판

작은 교회의 설교와 예배

하길 꺼릴 뿐 아니라, 같은 교단 또는 다른 교단 목회자의 설교 또한 비판하길 싫어하는 경향이 있다. 목회자들에게는 일종의 후광 효과가 있다. 사람들은 그가 하나님의 부르심을 받았다고 생각한다. 목회자는 잘못을 범하지 않는 사람이라고 생각하지는 않더라도, 교인들은 목회자에 관한 부정적 느낌을 당사자 앞에서 드러내고 싶어 하지 않는다. 특정 주일에 설교가 특히 모호할 경우, 교인들은 그저 목회자가 틀림없이 전달하려던 신학적 핵심을 자신들이 이해 못했을 뿐이라고 자책할 것이다. 이들은 "우리 목사님이 세상에서 가장 훌륭한 설교자는 아니더라도 훌륭한 설교자인 것은 분명해!"라며 부족한 설교를 합리화할 것이다. 목회자 비판은 하나님 비판과 조금 비슷하다고 생각하는 것 같다. 그래서 아예 비판을 안 한다.

평신도들이 설교 비판을 꺼리는 또 다른 이유가 있다. 설교를 비판하면 교회에 부정적 영향을 끼치리라 생각하기 때문이다. 교인들은 자신의 교회에 대한 충성심이 강한 경향이 있고, 그래서 자신의 교회를 자랑하고 싶어 한다. 그러므로 교회의 단점이나 목회자의 어떤 약점에 주목하는 것은 일종의 자아비판이다. 이들은 목회자를 청빙해 사례비를 지불한다. 그런데 목회자가 제 역할을 못한다면, 바로

잡을 책임이 있는 것도 이들이다. 목회자의 설교를 무비판적으로 받아들임으로써 이러한 문제를 피하는 게 덜 위협적이다.

어쨌든 많은 평신도가 목회자 비판하길 거부한다. 그렇더라도 청중이 설교를 평가하고 설교에 반응한다는 증거가 있다. 어느 인터뷰에서 재차 강하게 질문을 하자, 평신도들은 사실 설교의 핵심이 모호했고 설교를 이해하지 못한 게 어쩌면 자신들의 신학적 소견이 부족해서가 아니었을 수도 있음을 인정했다. 이들은 설교자가 시간이 부족해 강단에 설 준비를 잘하지 못한 것 같다는 사실에 당혹감을 표현할 수도 있다.

목회자가 자신의 설교에 대해 비판을 요청할 때, 사람들은 처음에는 비판하길 꺼린다. 이들은 목회자가 자신들의 반응을 정말로 원하는지 확신하지 못한다. 그러므로 이들의 첫 반응은 긍정적인 경향이 있을 것이다. 그러나 시간이 지나고 목회자가 비판적 반응을 정말로 원한다는 것을 알게 되면, 이들의 반응은 좀 더 부정적일 것이다. 이들은 더욱 용기를 내어 속마음을 털어놓기에 이를 것이다. 따라서 한두 달 자신의 설교를 비판하라고 교인들을 설득하는 목회자는, 점점 더 솔직하고 어쩌면 부정적인 대답을 들을 준비를 해야 한다.

　자신의 설교에 대한 비판을 정말로 원하는 목회자는 다음과 같은 방법을 쓸 수도 있다. 짧고 간단한 질문을 생각해 평신도에게 하면 된다. 한동안 계속 질문을 하면, 사람들이 솔직한 반응을 보일 것이다. 어떤 목회자들은 자신의 설교를 두고 교인들과 허물없이 대화한다. 목회자가 정직한 비판을 원한다는 것을 사람들이 깨닫기까지는 어느 정도 시간이 걸린다. 그러나 목회자가 자신들의 반응을 정말로 가치 있게 여긴다는 확신이 서면, 교인들은 비판을 의무로 여길 것이다.

　평신도들은 나쁜 설교를 들으면 안다. 앞서 언급한 연구에서, 연구자들은 한 그룹의 교회에 속한 모두에게 6주 동안 예배가 끝날 때마다 평가 설문지를 채워 달라고 요청했다. 높은 비율의 사람들이 요청에 응했다. 특정 주일에 설교가 뭔가 부족한 듯했을 때, 대다수 청중은 점수를 낮게 매겼다. 사람들은 설교가 형편없다고 말하길 꺼렸으나, 몇몇 주일에 설교의 질이 떨어졌다는 데 대체로 동의했다. 이런 주일에는 점수가 '탁월하다'에서 '좋다' 또는 '괜찮다'로 내려갔다. 교인들은 지나치게 부정적이길 원치 않는 한편, 자신들이 들은 설교에 대해 냉철한 것 같았다.

평신도들의 기대

지교회 평신도들은 공개적인 설교 비판을 꺼리는 경향이 있다. 그럼에도, 좋은 설교란 어떤 것인지에 대해 꽤 분명한 생각을 갖고 있는 것으로 보인다. 설교에 대한 반응을 연구할 때, 평신도들에게 설교와 관련된 22개 항목을 제시한 후 가장 중요하다고 느끼는 다섯 항목에 체크해 달라고 했다. 항목에 우선순위를 매겨 달라고 요청하지는 않았으며, 단지 가장 중요하다고 생각하는 다섯 항목에 체크해 달라고 했다. 자주 작은 교회에서 설교를 듣는 사람들은 거의 하나같이 세 항목을 꼽았다.

대다수 사람들은 설교에서 가장 중요한 항목으로 "성경에 충실해야 한다"를 꼽았다. 거의 같은 빈도로 다른 두 요소를 꼽았다. "권위가 있어야 한다"와 "설교자가 진심으로 믿는 것이어야 한다"였다.

설교는 성경에 근거해야 한다. 다시 말해, 설교는 성경에 충실해야 한다. 이것은 개신교 전통이며, 지금도 그 기대는 분명히 계속되고 있다. 이것은 교회 구성원들이 성경을 자신들의 행동을 이끄는 문자적 안내자로 받아들여야 한다는 뜻이 아니다. 주일 아침 강단에 서서, 성경은 참된 것을 말

작은 교회의 설교와 예배

하므로 회중은 그에 따라 행동해야 한다고 말하는 목회자는, 회중이 꼭 자신의 말에 주목하거나 자신의 말을 믿지는 않으리라는 것을 안다.

많은 목회자가 성경적으로 견실한 설교, 주의 깊은 주해의 산물을 내놓았을 때 오히려 회중으로부터 지금껏 들은 설교 중에 가장 따분했다는 반응을 받은 경험이 있을 것이다. 성경이 주로 말하는 것은, 현대 교인들이 자신들과는 무관하다고 여기는 내용, 성경 시대의 문화가 낳은 산물로 어느 시대 누군가에게 적용될 수 있었을 테지만 현대인들에게는 적용되지 않는다고 여기는 내용이다.

이혼에 대한 성경의 명령만 보더라도 그 사실을 확인할 수 있다. 여성 운동권에서도 교회 내 여성의 역할과 관련된 성경 단락들을 재해석하고 있다. 그러므로 평신도들은 거의 만장일치로 "설교자들이 성경에 충실해야 한다"고 말하지만, 성경만을 궁극적 권위로 받아들이지는 않는 게 분명하다.

사람들이 바라는 설교로 꼽은 다음 두 요소에서도, 이처럼 분명한 모순, 곧 설교가 성경에 충실하길 바라면서도 성경의 이런저런 가르침을 무시하는 모순이 훤히 드러난다. 평신도들은 설교가 '권위 있기를' 바라며, 그 설교를 '설교자가 진심으로 믿기를' 바란다.

우리는 다음과 같은 기대를 갖고 있는 것 같다. 성경에 제시된 기독교 전통이, 믿음이 깊고 진실하며 자기가 하는 말을 실제로 믿는 설교자의 해석에 파고들기를 기대하는 것이다. 근본적인 종교적 질문 및 기본 전통과 씨름하는 목회자, 현대 사회에서 사는 게 얼마나 힘든지 직접 경험한 목회자가 성경을 해석할 때 설교는 권위가 있다. 이런 경험을 통해, 설교자는 성경이 청중의 일상에 적용된다는 것을 밝힐 수 있다.

사람들은 성경의 권위에 기초한 설교를, 진실하고 깊은 믿음을 가진 목회자의 개인적 경험을 통해 권위가 한층 강화된 설교를 원한다고 말한다. 설교의 권위는 성경에서 나오지만, 목회자가 개인적 경험 속에서 성경을 대면함으로써 나온 설교여야 권위를 갖는다.

이것은 쉬운 일이 아니다. 목회자에게 막중한 책임을 지운다. 이것은 또한 평신도들이 설교가 무엇인지 어느 정도 이해한다는 것을 시사한다. 믿음의 사람이 권위 있게, 삶에 적용될 수 있는 방식으로 말씀을 해석할 때 좋은 설교가 나온다는 사실을 평신도들은 알고 있다.

작은 교회의 설교와 예배

전인에 대한 반응

설교에 대한 반응은 전인全人에 대한 반응이다. 교인들이 목회자를 신뢰하지 못하면, 목회자의 설교도 신뢰하지 못할 것이다. 거꾸로, 회중이 목회자를 신뢰하면, 자신들은 그 방향으로 가고 싶지 않은 게 거의 확실하더라도 목회자의 인도를 따를 것이다.

작은 교회 목회자는 설교의 권위를 위한 개인적 기초를 쌓을 수 있다. 작은 교회 교인들은 자신들의 목회자를 잘 알고 있다. 십중팔구, 큰 교회 교인들보다 훨씬 잘 알고 있을 것이다. 결과적으로 작은 교회의 설교에 대한 반응은 대체로 목회자 전인에 대한 반응이다. 큰 교회의 경우, 주일 아침 예배에 온 많은 교인이 목회자를 친밀하게 알지 못할 수 있다. 이들의 접촉은 큰 사회 집단에서 보는 형식적 관계로 제한될 것이다. 이것은, 회중과 거리감이 있는 큰 교회에서는, 성경 말씀을 개인적 권위와 자신의 전 인격으로 전달하려는 설교자가 매우 불리하다는 것을 암시한다.

큰 교회에서는 예언적 설교를 무시하기가 쉽다. 그러나 작은 교회에서는 목회자가 논쟁적 주제나 예언적 주제에 관해 입장을 밝히거나 설교할 때, 청중은 자신들이 잘 아는 개인에게 반응해야 한다. 대부분의 경우, 이들은 이러한 선언을 하는 사람이 자신의 장점과 단점을 숨기지 않는 사람이라는 것을 안다. 외부인의 주장을 받아들이지 않는 것보다 가까운 친구나 가족의 주장을 받아들이지 않는 것이 훨씬 어렵다. 작은 교회에는 숨을 곳이 거의 없다. 말씀이 직접적으로, 친밀하게, 인격과 연결되어 전해지며, 따라서 숨기가 힘들다.

이 과제는 작은 교회 목회자에게 무거운 책임을 지운다. 작은 교회 목회자는 말씀을 선포하는 책임뿐 아니라 친밀하고 가족 같은 사람들, 즉 자신을 알고 자신이 아는 사람들에게 선포할 의무가 있다. 그 어느 곳보다 작은 교회에서, 설교는 청중의 삶에 큰 영향을 미칠 강력한 잠재력을 갖는다.

작은 교회의 설교와 예배

10장
말씀의 종

그리스도인으로 살기란 쉽지 않다. 그리스도를 따르기로 선택한 사람들은 헌신하고 훈련하며 희생해야 한다. 임직자들은 교회 사역에서 보통의 교인들보다 큰 책임을 맡는다. 목사로 부름 받은 사람들은 쉽지 않은 일에 발을 들여놓는다. 하나님의 말씀을 선포하는 것은 실로 엄청난 일이다.

교회 사역은 평신도와 목회자 양쪽 모두의 책임이다. 이것이 가장 분명하게 드러나는 곳이 작은 교회다. 작은 교회의 경우, 교인들의 교회 운영과 사역 참여율이 높다. 결론을 맺는 이 장에서는 작은 교회에서 지도자가 하는 역할, 곧 평신도 지도자와 목회자가 하는 역할, 설교와 예배의 역할에 초점을 맞추겠다.

자신 그대로

이 책 전체에서 우리는 작은 교회가 사역, 특히 설교와 예배를 위한 효과적 도구일 수 있다고 주장했다. 한 교회가 다른 무엇을 하든 하지 않든 간에, 교회라면 필수적으로 말씀을 전하고 예배를 드린다. 작은 교회는 할 수 없는 일을 강조하면서 잘 할 수 있는 일, 예를 들면 설교와 예배를 소홀히 하곤 한다. 물론 교회가 작다고 설교와 예배가 효과적이라는 보장은 없으며, 서로 응원하고 이해하며 열린 교회라는 보장도 없다. 이런 특징들은 교인들의 개인적 가치관과 자신들을 기독교 회중으로 이해하는 데서 비롯된 결과다. 교인이 적다는 사실은 교회 사역을 위한, 큰 교회와는 다른 기회이자 한계로 작용한다.

교회가 작다는 것이 기회가 되기도 하지만 한계도 있다. 바로 이 부분에서, 목회자들은 가장 큰 좌절감을 맛볼 수도 있다. 목회자는 지교회를 잘 운영해야 할 주된 책임이 있는데, 이 책임에는 교회 운영에 필요한 예산을 확보하고, 교단 운영과 프로그램 경비에서 교회가 부담해야 하는 몫을 확보하는 것도 포함된다. 헌금하는 사람이 한정적이기 때문에 예산 부족은 늘 계속되는 문제다.

작은 교회의 목회자 사례비는 대부분 적은 데다가, 목회자가 작은 교회를 섬김으로써 얻는 명망 또한 높지 않다. 따라서 작은 교회는 뛰어나고 경험이 풍부한 목회자와 예배 인도자를 두는 복을 누리지 못할 수도 있다. 대다수의

작은 교회의 설교와 예배

작은 교회 목회자들은, 장점이나 단점이 무엇이든 간에, 무척 어리거나 반대로 나이가 많은 경향이 있다. 또한 작은 교회는 일반적으로 한두 교회와 목회자를 공유해야 하며, 따라서 파트타임 목회자와 함께해야 한다.

이것들을 비롯해 작은 교회의 어려운 문제들은 계속될 것이다. 작은 교회는 교단의 프로그램을 절대로 완전하게 실행할 수 없다. 그러나 교회의 주된 과제는 미리 결정된 제도적 양식에 자신을 끼워 맞추거나 목회자 사례비를 지급하는 게 아니다. 교회의 주된 과제는 예배하고 말씀을 듣는 것이다. 작은 교회가 자기 모습 그대로를 지키고, 자기가 될 수 없는 것이 되겠다며 에너지를 허비하지 않는다면, 이 과제를 할 수 있고 잘할 수 있다.

그럼에도 틀림없이 이렇게 말하는 사람이 있다. "하지만 전임 목회자를 두고, 예산을 늘리고, 건물을 유지하고, 온전한 교회 프로그램을 실행할 만큼 사람이 많지 않으면 교회일 수 없어요." 이 말에 우리는 이렇게 답하겠다. "교회의 역할은 말씀을 선포하고, 성례를 시행하며, 예배를 드리는 것이다. 나머지는 모두 아무리 유익하고 바람직하더라도 이차적이다."

기대하라, 그러면 받으리라

설교와 예배는 대개 목회자에게 맡겨지는 책임이다. 목회자들은 신학교에서 이 영역에 대한 훈련을 받았으며 두 영역 모두에서 유능하리라고 생각된다. 앞서 말했듯이, 평신도들은 설교 비판하길 꺼린다. 평신도들은 매주 듣는 설교와 경험하는 예배에 대한 자신의 생각을 목회자에게 말하려 하지 않는다.

그러나 목회자가 이렇게 해 주었으면 하는 자신들의 바람을 평신도들이 분명하게 표현할 때, 목회자들은 설교와 예배를 더 진지하게 여길 것이다. 이런 면에서도 역시 작은 교회가 맞춤이다. 격식에 매이지 않는 작은 교회의 환경 덕분에, 교인들 중 많은 수가 예배와 설교에 관해 목회자와 대화할 수 있다. 이것은 큰 교회에서는 불가능한 방식이다.

중요한 것은, 교인들이 주일 아침에 일어나는 일에 대한 자신들의 생각을 기꺼이 목회자에게 말한다는 것이다. 설령 목회자의 감정이 상할 위험이 있더라도 이렇게 한다. 교인들, 특히 회중의 지도자들은 회중의 솔직한 의견을 알아야 하고 목회자에게 알려야 한다.

평신도로 하여금 설교와 예배에 대한 자신의 느낌을 나

누게 하는 것은, 이 사역 부분에서 책임 의식을 기르는 첫 단계다. 이렇게 하면 설교와 예배의 역할을 더 잘 이해할 수 있다. 또 회중의 기대치가 올라가고, 많은 목회자가 설교와 예배에 합당한 우선순위를 두게 된다. 평신도들은 예배를 계획하고 인도하는 일에서 더 큰 역할을 할 수 있다.

평신도와 목회자 사이에 소통이 원활해지면, 목회자가 사역하며 겪는 어려움과 매우 실제적인 좌절, 외부 압박 등을 교인들이 더 잘 파악하게 된다. 평신도들이 자신의 느낌을 나누면, 목회자들도 그렇게 할 것이다. 그러면 평신도들이 목회자와 그 가족을 더 잘 이해하고 지원할 것이다. 평신도들은 작은 교회가 할 수 없는 일 때문에 한탄하기보다 **할 수 있는** 아주 많은 일을 확인하게 될 것이다.

성공의 잣대

설교와 예배는 목회자의 특별한 직무였고 앞으로도 그럴 것이다. 평신도들이 예배를 계획하고 인도하는 일에 참여하는 게 바람직하더라도, 목회자가 계속해서 큰 책임감을 갖고 주일 아침에 일어나는 일들을 이끌어야 한다.

목회자의 핵심 직무는 말씀 선포와 예배 인도다. 그러므로 설교자는 말씀의 종으로서 특별한 역할을 수행한다. 다시 말해, 설교자는 매주 회중 앞에 서서 주님께 받은 메시지를 선포한다. 설교의 기쁨은, 설교자가 자신이 말씀의 종이라는 사실을 깨닫는 데서 온다. 말씀이 충실하게 선포되었고 회중이 하나님을 예배했음을 아는 것이, 설교자가 노력을 기울이는 정당한 이유여야 한다.

크기와 성장을 성공의 잣대로 여기는 주변 문화의 기준을 받아들이는 목회자는 작은 교회에서 어려움을 겪을 것이다. 작은 교회는 예배에 참석하고 설교를 듣는 사람이 많지 않을 것이기 때문이다. 교단 관계자들이 필수라고 여기는 잘 갖춰진 교회 프로그램이나 조직도 없을 것이고, 교단이 각종 자선 프로젝트를 위해 요청하는 후원금을 내기 어려울 것이다. 이것들이 성취의 기준이라면, 이 목회자는 계속해서 좌절하고 자신이 역부족이라 느끼게 된다.

작은 교회를 섬기고 있거나 섬기려는 목회자에게 마지막으로 해 주고 싶은 말이 있다. 섬기는 교회의 교인 수나 그 교회를 통해 얻는 명망이나 교단 당국자들의 찬사를 목회 성공의 기준으로 삼는다면, 작은 교회에서 깊은 곤경에 빠질 것이다.

그러나 당신이 하나님의 부르심을 받았다고 느낀다면, 당신의 궁극적 권위와 목회에 대한 최종 평가가 말씀을 충실하게 섬기고 전함으로써 하나님의 백성이 그 말씀 앞에 섰는지에 달렸음을 안다면, 당신의 섬김은 줄곧 복될 것이다. 당신은 자신이 말씀을 충실하게 선포하고 있음을 아는 기쁨, 자신이 작은 교회에서 하나님을 예배하는 사람들에게 은혜를 전달하는 도구임을 아는 기쁨을 누릴 것이다.

전능하신 하나님,

주께서는 우리에게 그 이상도 이하도 아닌, 우리의 세상
에서 주의 임재를 쉼 없이 찬양하고 누릴 것을 요구하십
니다. 하나님 나라를 향한 사랑과 그 나라의 성취를 바라
는 소망을 우리 마음에 심으시고, 그리스도를, 우리와 같
은 분을 우리 가운데 보내어 우리를 향한 하나님의 사랑
과 길을 보여 주십니다.

그 그리스도께서 두세 사람이 그분의 이름으로 모이는
곳에 함께하겠다고 약속하셨고, 물과 성령으로 하나님의
가족이 되게 하셨으며, 우리가 떡을 뗄 때 우리에게 자신
을 드러내셨습니다. 잃어버린 양 한 마리, 잃어버린 동전
하나, 잃어버린 한 아이, 들판의 백합화, 세상이 작고 하
찮다고 여기는 것들을 깊이 돌보시는 하나님을 우리에게
보여 주셨으며, 우리들 하나하나의 이름을 부르셨고, 우
리를 그분의 가족으로 삼으셨으며, 우리에게 그분의 나라
에서 할 일을 맡기셨습니다.

복음을 위해 수고하는 모든 사람들, 자신의 삶과 행위
로 우리 가운데 하나님의 사랑을 충실하게 증언하는 모든
사람들을 축복하며 기도합니다. 하나님과 하나님의 말씀

작은 교회의 설교와 예배

을 섬기는 이들의 노력이 힘을 잃지 않게 하시고, 이들의
사역과 섬김으로 하나님의 가족이 온전해지며 하나님의
나라가 확장되게 하소서.

우리 주 예수 그리스도의 이름으로 기도합니다.

아멘.

더 읽을
만한
자료들

Bailey, Wilfred M. *Awakened Worship*. Nashville: Abingdon, 1972.

Carroll, Jackson W., ed. *Small Churches Are Beautiful*. New York: Harper & Row, 1977.

Dudley, Carl S. *Making the Small Church Effective*. Nashville: Abingdon, 1978.

Hovda, Robert W. *Strong, Loving, and Wise; Presiding in Liturgy*. The Liturgical Conference, 1976.

Johnson, Merle A. *How to Be Happy in the Non-Electric Church*. Nashville: Abingdon, 1979.

Kay, Melissa, ed. *It is Your Own Mystery: A Guide to the Communion Rite*. The Liturgical Conference, 1977.

Keck, Leander E. *The Bible in the Pulpit*. Nashville: Abingdon, 1978.

Madsen, Paul O. *The Small Church; Valid, Vital, Victorious*. Valley Forge, Pa.: Judson Press, 1975.

Mitchell, Leonel L. *The Meaning of Ritual*. Paramus, N.J.: Paulist Press, 1977.

Hickman, Hoyt ed. *Seasons of the Gospel*. Nashville: Abingdon, 1979.

Senn, Frank C. *The Pastor as Worship Leader*. Minneapolis:

작은 교회의 설교와 예배

Augsburg, 1977.

A Service of Christian Marriage. Nashville: Abingdon, 1979.

A Service of Death and Resurrection. Nashville: Abingdon, 1979.

White, James F. *Introduction: to Christian Worship.* Nashville: Abingdon, 1980.《기독교 예배학 입문》(예배와 설교 아카데미, 2000)

Willimon, William H. *Word, Water, Wine, and Bread.* Valley Forge, Pa.: Judson Press, 1980.

──────. *Worship as Pastoral Care.* Nashville: Abingdon, 1979.

──────. *Word and Table: A Basic Pattern of Sunday Worship.* Nashville: Abingdon, 1976.

작은 교회의 설교와 예배

윌리엄 윌리몬·로버트 윌슨 지음
전의우 옮김

2021년 12월 15일 초판 1쇄 발행

펴낸이 김도완
등록번호 제2021-000048호
(2017년 2월 1일)
전화 02-929-1732
전자우편 viator@homoviator.co.kr

펴낸곳 비아토르
주소 서울시 종로구 삼일대로 428, 500-26호
　　　(우편번호 03140)
팩스 02-928-4229

편집 김현정
제작 제이오
제본 국일문화사

디자인 임현주
인쇄 (주)민언프린텍

ISBN 979-11-91851-12-0 03230